21世纪医学院校大学生素质教育系列教材
普通高等教育精品课程配套规划教材

医药院校
大学生职业发展指导

主　编　莫　凡

副主编　杨支才　成词松

编　委　林彦君　佟　枫　杨　坤
　　　　毛雪莲　王　准

南京大学出版社

图书在版编目（CIP）数据

医药院校大学生职业发展指导/莫凡主编．—南京：南京大学出版社，2011.8（2015.1 重印）

21 世纪医学院校大学生素质教育系列教材　普通高等教育精品课程配套规划教材

ISBN 978-7-305-08798-1

Ⅰ.①医… Ⅱ.①莫… Ⅲ.①大学生-职业选择-医学院校-教材 Ⅳ.①G647.38

中国版本图书馆 CIP 数据核字（2011）第 174945 号

出版发行　南京大学出版社
社　　址　南京市汉口路 22 号　　邮　　编　210093
网　　址　http://www.NjupCo.com
出 版 人　左　健

丛 书 名　21 世纪医学院校大学生素质教育系列教材
　　　　　普通高等教育精品课程配套规划教材
书　　名　医药院校大学生职业发展指导
主　　编　莫　凡
责任编辑　张晋华　　编辑热线　010-82967726
审读编辑　方巧真

照　　排　天凤制版工作室
印　　刷　北京长阳汇文印刷厂
开　　本　787×960　1/16　印张 13　字数 232 千
版　　次　2011 年 8 月第 1 版　2015 年 1 月第 2 次印刷
ISBN 978-7-305-08798-1
定　　价　28.00 元

发行热线　025-83594756
电子邮箱　Press@NjupCo.com
　　　　　Sales@NjupCo.com（市场部）

前言 Preface

“凡事预则立，不预则废”，职业也需做好规划。

职场中有许多职业很具诱惑性，但不见得具诱惑性的职业就适合你，每个人的人生都有自己的特点，每样职业有自己的规律，当人生特点与职业要求吻合以后，我们才容易从工作中寻找到幸福与快乐，这样的职业也才能算得上是理想职业，吻合度愈高，工作幸福感愈强，因此，我们的职业生涯需要规划。

国外以及中国港澳台地区的学生在进入大学教育前都要接受比较详细的职业生涯规划教育，我国学生基本上都是在进入大学以后才接受职业生涯规划知识的，这直接导致许多学生对所学专业兴趣不浓，职业发展路径不清，学习缺乏动力，因此，在编写本教程时，我们特别考虑到大学生生涯规划的适应教育。

当今社会分工越来越细，职业成千上万，如果我们能把握职业生涯规划的一些基本理论，我们就可以从中寻找到适合自己的那一份工作。我有一个学生，当初选择临床医学并不是他的要求，因为父母觉得学医好就业，顺从父母意愿选择了学医，进校后才发现自己对医学无任何兴趣，第一学期三门课程不过关，被学校警告，对于计算机他有比较浓厚的兴趣，职业测评结果亦如此，针对他的情况我建议：力求专业课程过关以满足父母心愿，其他时间可向学习计算机倾斜，后来顺利毕业，现从事医学信息软件开发，事业算是小有所成。

本书依据职业生涯规划的相关基础理论和方法，结合医药卫生职业的特点，以清晰简洁的结构安排和通俗易懂的语言，伴以典型案例，力求提供给广大读者可操作性的指导，尽可能帮助读者解决实际问题。

在编写本教程过程中，参阅了大量相关的专业书籍和资料，在此谨向各著作者表示衷心的感谢。由于时间仓促，编者水平有限，书中疏漏和不足之处难免，不少地方还有待进一步完善，敬请广大读者提出宝贵意见，以便进一步完善。

编　者

2011 年 7 月

目 录 Contents

第一章　大学生涯开篇

进入大学后要尽快了解大学的环境，了解专业的特点，未来职业的要求；要尽快适应大学环境，积极投入大学生活，为制定合理的职业规划做好充分的准备。

第一节　了解大学校园生活与职业环境

一、适应校园生活

大学是研究和传授科学的殿堂。在大学校园里，可以自由地学习，可以独立地思考，可以接触各个学科最前沿的理论和思想，这是一种享受，也是大学学习生活的本质之一。在大学，学习的概念不仅仅指课堂里、教科书里的内容，还包括其他方面，如，查阅图书、做实验、参加丰富多彩的课外活动及各类竞赛，参与各种集体或社团活动，聆听各类讲座，参加讲坛，搞社会调查等，更可以和同学、师长广泛交往，互相切磋，互相交流。学习的内容变得更加宽广，学习方式更是多种多样。大学生活的显著特点是学生必须独立自主，不论衣食住行还是学习、交友乃至认识社会和人生，都需要更多地依靠学生自己的知识、能力去思考、判断、选择和行动。了解大学生活有哪些新变化，将有助于学生较快地适应大学生活。

（一）生活环境的改变

大学生活与中学生活的不同，首先是生活环境的变化，生活方式由依赖父母安排转为凡事要靠自己处理的集体生活。生活习惯如饮食、气候、语言、作息制度与卫生习惯不同，都会造成适应不良。客观环境的变化对于来自不同地区的同学，适应和改变的程度更是不同的。从偏远的山区考到大城市来的同学，比来自大城市，或就在本市的同学适应大学校园的生活更要艰难得多，需要付出更多的努力。大学更多地强调学生的自我管理、自我教育、自我服务、自我约束。刚入学的同学要对所处的生活环境要有一个客观的评价和适应。到了一个新的环境之后，要注意观察这个环境的特点和原来的环境有些什么样的变化，应该重新估计所面临的一些新的变化，不要总是用自己原来的眼光和观念去看待新的事物。当人生不同阶段的主要任务发生变化之后，思维方式、生活方式都要随之改变，要做一些调整。

（二）学习方法的改变

比起中学来，大学的课程内容多、任务重、范围广，学习方式由依赖老师转为学生自己主动安排学习。大学学习是一种“自主学习”，学什么、怎么学、学到什么程度基本上是由自己决定的，学校和老师的要求只是辅助性的。到了大学以后，学习的方式发生了变化，大学学习的终极目标并不明确，不知道学到什么程度才算学好了。学习的方式也发生了变化，虽然也有老师的督导，但这种督导大大减弱了。从中学到大学，外界督导减少了，学生的自由增加了。自由度变大了，责任也变大了，原来由别人负责的事情，现在要由自己负责。遗憾的是，很多学生往往意识不到这一点，第一学期就出现不及格现象，这时才大吃一惊。

（三）人际关系的变化

对人际交往的方式与对象的改变会难以适应，大学生渴望与周围的同学交往、建立友谊。但由于缺乏交往技巧等原因，常常难以建立友好的协调关系。大学生来自全国各地，每个人的生活方式、行为方式都有所不同，这么多的人在一个屋檐下生活，不可避免地要面临各种各样人际关系问题。可以说，从中学生到大学生的转变中一个核心的内容就是人际关系观念的转变。在大学以前，人际关系的概念更多的是友谊的扩展，其重要特点就是它的交往双方是根据个人的好恶来作取舍的。但成年以后，人际关系是生存和发展的必要条件，不能仅凭个人的好恶来处理人际关系。一个人要想发展，充分发挥自己的潜力，必须有一个良好的人际环境，这个良好的人际环境就是能够与周围的人有一种和谐的人际关系。

（四）正确认识和评价自我

在大学里每个同学都要面临一个非常严峻的挑战，就是如何客观地认识和评价自己及所面临的处境。大部分同学在中学时都是出类拔萃的、优秀的，但上了大学之后却发现自己变得很平庸，没有那么突出了，感到很失落、很沮丧。正确评价自己就是要真正了解自己。当自己在一片赞许声中时，你往往会忽视自己的缺点。很多同学在上大学之前都是生活在支持、鼓励、赞许的氛围里，是被无条件接受的，因而很少想到自己有哪些方面做得不够。来到大学里，当发现与其他同学的差距时，要对自己做客观的分析。这个差距可以分为两类：第一类是必须想方设法弥补的，比如，在学习、人际交往上的问题。学习、掌握知识是将来开创事业的必要基础，人际交往是事业成功的重要辅助手段，这是安身立命的最根本的东西。如果与周围人有差别，一定要想办法缩短这种差距，但要允许自己有一个逐渐改善的过程。很多同学不愿别人知道自己与他人的差距，想在短期内弥补并超过其他人。实际上，这种期望是非常不现实的。学生需要相当长的一段时间来改变现状，这意味着在相当长的一段时间里，将会与周围的人之间一直存在着差距。第二类是技能方面的，如果这种差距能被赶上，则是锦上添花的事情，如果赶不上也无伤大雅。人来到这个世界上必须面对这样的现实，在我们一生中，能做的事情非常少，能做好的就更少了，所以，不要指望自己在所有方面都比别人强。贝多芬不会因为拳击打不过阿里而感到自卑，因为他的价值不在于拳头，而在于为人类留下了许多美妙的音乐；阿里也不会因创作不出第九交响曲而感到自卑，因为他的价值在于拳头。大学是全国优秀青年的聚集地，每人都具备许多优点，在某一方面赶不上别人没有关系，即使是硕士、博士、专家也只是在某特定领域有所专长，跳出这个领域他们与普通人没什么差别。我们应该把有限的精力集中放到某一具体问题上，不应为与自己无关的问题徒伤脑筋。

二、相关行业发展趋势与就业环境

个人的职业生涯的发展，除与个体自身条件相关外，与所选择的行业发展现状、发展趋势有很大的关系。因此，作为一个学生，一个未来的社会从业人员，在选择职业前，应对目前国内的就业形势以及所学的专业在今后的发展潜力等进行必要的分析、预测，为正确的判断提供依据。

（一）当前的就业形势分析

我国作为发展中国家，就业形势不容乐观。近几年，高等院校连续扩招，使医学高等院校学生增幅较大，出现毕业生的高存量、高膨胀，给他们的就业带来一定的压力和难度。

1. 高校毕业生逐年增加，就业压力上升

2010 年全国应届高校毕业生 630 万人，比 2009 年增加了 17 万人，是近年来毕业生人数最多的一年，是毕业生总量和增量最大的一年。近年来，随着高等教育的扩大，高校毕业生的逐年增加，无疑对医学高等院校毕业生的就业带来了不小的压力和困难。

2. 人才需求存在结构性矛盾

从地区分布看，相对发达的东部沿海省、市对高校毕业生的需求旺盛，吸纳了全国50%以上的高校毕业生，西部欠发达省区对高校毕业生的需求则难以满足，接受高校毕业生的比例不足全国总毕业生人数的20%；从学历层次看，医学高等专科院校学生仍然是就业的重点和难点；从学科专业看，工科和应业性较强的学科专业就业形势相对较好，如工科类、医学类、管理类等专业的就业形势就相当不错，而一些“时髦专业”和文科专业就业出现困难。

（二）相关行业的发展趋势和就业市场变化

随着改革开放步伐的加大以及经济体制改革的进一步深化，相关行业的就业市场产生不少新变化，在为高校毕业生的就业带来了机遇的同时也带来了挑战。

1. 人才培养模式的转变为医学高等院校毕业生进入国外就业市场提供了机会

我国高教市场逐步向国外资本开放，各种形式的国外教育机构的进入，产生了多种类型的人才培养机构及人才培养模式。如，国内的多家医学院校与国外的教育机构合作办学，进行高级护理人才培养，注重与国际先进的护理教学理念相结合，引进国外的教学模式，注重学生综合素质的发展，增加了学生的就业竞争力，同时使学生具有一定的向国外发展、到国外就业的能力。但不得不提到的是，这些在全新的教学模式下培养出来的人才，又对由中国本土的教学培养模式培养出的学生形成一定的压力。

2. 社会需求决定“好”专业或“热”专业

当前就业市场紧缺的专业，就是所谓的“好”专业或“热”专业。大学所学专业是否与社会需求相一致，是影响医学高等院校毕业生就业的重要因素。

以护理专业为例，全球非常关注的老龄化问题，使得护理需求量日渐增加。随着社会的发展以及医疗保险制度的改革，需要护理人员从医院走向社区、走入家庭，为个人、家庭、社会提供直接、连续、全面、方便、快捷、经济、优质的家庭护理服务，以满足社区居民的需求。服务内容也不断增加，在基础护理、临床护理的基础上要发展专科护理、社区保健、康复护理、健康教育、临终关怀等。同时由于家庭结构的变化，家庭的护理保障作用明显不足，使居家护理、长期护理成为必然的需要。上述这些因素反映了社会对护理需求增加的同时，也对护理执业人员提出了更高的素质要求。

正如《美国新闻和世界报道》和国内外关于未来职业发展趋势的调查和预测的，

在未来世界的20个主导行业中的医疗服务、社会工作、医学、公共事业等主导行业都可以由护理专业的人员担任其中的部分工作。从这个角度看，护理是一个为社会需要的“好专业”。

3. 转变就业观念，赢得就业先机

合资及民营企业的发展，使其成为吸纳医学高等院校毕业生的重要渠道，对医学高等院校毕业生的需求量增长较快。如，近年来，随着我国合资医院、外资独资医院及民营卫生事业的发展，对高级护理人才的岗位需求也进一步增加。这要求医学高等院校的毕业生转变就业观念，根据自身条件，做好符合实际的岗位定位，抓住机遇，赢得先机。

三、了解国家、地方等相关政策法规、经济形势

针对大学生就业，国家和地方政府制定了详细的政策，有些政策明确规定了某些毕业生的就业行为，是高校毕业生顺利就业的保障。作为一名医学生，如果你不认真了解这些政策，仓促就业，结果只能是事倍功半。

（一）熟悉大学生就业相关政策，抓住政策机遇

我国高校毕业生就业政策的主要依据是《普通高等学校毕业生就业工作暂行规定》。这是指导毕业生就业工作最根本、最原则性的法规。其他的一些部门性、地方性的就业法规都是以它为基础的。

1. 《普通高等学校毕业生就业工作暂行规定》（以下简称《暂行规定》）

《暂行规定》对大学生就业的各个环节，如毕业生就业工作程序、毕业生就业指导与毕业生鉴定、供需见面和双向选择活动等都进行了详细的规定。

以供需见面和双向选择活动为例，在《暂行规定》中指出，供需见面和双向选择活动是落实毕业生就业计划的重要方式。各部委、各地方主管毕业生就业工作部门负责管理和举办本部门、本地区的毕业生就业供需见面和双向选择活动，其他部门不得举办以毕业生就业为主的洽谈会或招聘会。举办省级上述活动要报国家教委备案，跨省区、跨部门的有关活动须报国家教委审批。有条件的高等学校可以举办或校际联办毕业生供需见面和双向选择活动。高等学校在毕业生供需见面和双向选择活动中起主导作用。经供需见面和双向选择后，毕业生、用人单位和高等学校应当签订毕业生就业协议书，作为制订就业计划和派遣的依据。未经学校同意，毕业生擅自签订的协议无效。供需见面和双向选择活动，不得以赢利为目的向学生收费。

2. 其他特殊政策

除了基本的政策规定外，国家根据当年的具体情况针对大学生就业会出台一些特殊政策，或者补充政策。

(1) 1999年出台的《关于选拔高校毕业生到农村基层工作有关问题的通知》，对大学生到农村就业的具体操作进行了规定。

(2) 2003年起实施的《关于实施大学生志愿服务西部计划的通知》与国家开发大西北的战略计划相一致。在通知中就如何引导大学生到西部，如何促进西部贫困地区教育、卫生、农技、扶贫等社会事业的发展，如何拓展大学生就业、创业的渠道，如何培养造就一大批既有现代科学文化知识，又有基层工作经验和强烈社会责任感的优秀青年人才，弘扬“奉献、友爱、互助、进步”的志愿精神，推动经济社会的全面发展进行了阐述。

(3) 2006年起通过采取考核或考试的办法，每年招募高校毕业生，主要安排到农牧乡镇从事支教、支农（支牧）、支医和扶贫工作（简称“三支一扶”工作）。引导和鼓励高校毕业生到农村牧区去、到基层去、到祖国和人民最需要的地方去，经受锻炼，健康成长，促进农村牧区基层教育、农牧业、卫生、扶贫等社会事业的发展，为建设社会主义新农村新牧区和构建社会主义和谐社会做出贡献，服务期限为2年。

(4) 2009年开始，国家关于征集普通高等学校应届毕业生入伍服兵役义务。中央部门和地方所属全日制公办普通高等学校、民办普通高等学校和独立学院的全日制应届普通本专科（含高职）毕业生、毕业研究生、第二学士学位毕业生。不包括往届毕业生及成人教育、高等教育自学考试、各类非学历教育、培训类学生。年龄要求：高职（专科）毕业生为当年年满18至22周岁，本科及以上学历毕业生可放宽至23周岁。

(5) 在《国家公务员暂行条例》和《国家公务员录用暂行规定》对大学生报考国家公务员提供了政策依据。

(6) 2009年，出台了《国务院办公厅关于加强普通高等学校毕业生就业工作的通知》，各地区、各有关部门把高校毕业生就业摆在当前就业工作的首位，采取切实有效措施，拓宽就业门路，鼓励高校毕业生到城乡基层、中西部地区和中小企业就业，鼓励自主创业，鼓励骨干企业和科研项目单位吸纳和稳定高校毕业生就业。

另外，各地政府教育主管部门会根据当地的情况，制定相应的高校毕业生就业政策，比如《上海普通高等学校学生就业工作管理办法》、《江浙沪三地毕业生就业工作合作政策》等。各高校根据国家、地方政府的政策，也会制定具体的学生就业政策。

（二）了解当年的经济形势，寻找良好机会

大学生的就业情况与经济发展形势直接相关。这是由于国家总体的经济形势影响当年人才的总体需求，而区域的经济形势不但影响当地的人才需求、人才环境，也导致人才的流向不平衡。

如，我国东部沿海地区和中心城市。如，北京、上海、广东、浙江等省市对人才的需求旺盛，成为人才流向集中的地方；而流向中西部地区的人才，虽然在广泛宣传发动以及政策支持下逐年增多，但西部地区要构成对人才的强烈吸引力，还有待于西部开发的进一步深入进行。经济发展的过程，是人才不断参与的过程，只有经济发展了，才能对人才产生吸引力，对高层次人才的需求量也自然增多。

四、探索环境对个人职业发展的意义和价值

个人职业的发展是个人自身努力与环境共同作用的结果。环境涵盖内容很广，包括家庭、生活、学习、社会等，各种环境在个人职业发展中起着举足轻重的作用。

（一）家庭环境与职业发展

1. 家庭是个人职业发展的职业模板

在中国这样重视家庭甚至家族影响的文化中，必须关注家庭因素对学生的影响。家庭作为青少年学生职业发展的背景，为青少年提供了与职业发展有关的信念、价值观和最初的职业模板，同时，家庭背景及父母的职业地位还决定着孩子未来可以利用的各种社会资源，甚至包括职业选择范围的大小。

2. 亲子关系和亲子间的相互作用影响青少年学生的职业发展

当青少年学生的职业抱负与父母期望相一致时，他们的未来发展是父母所认同的，因此，出现困惑的方面可能是对自身的认识不足或对职业信息了解不够。但当青少年学生的职业抱负与父母期望不同时，他们选择的发展道路可能是父母不认同的，因此，可能首先遭遇的阻力来自家庭，他们要应对的问题就会更多。

（二）社会环境与职业发展

1. 政策环境

宽松有力的政策环境使医学高等院校毕业生的从容就业得到保障。近年来，国家为了推动和促进包括医学高等院校毕业生在内的高校毕业生就业，出台了一系列

的方针政策，提供了制度保障、政策保障和工作保障。比如，在自主择业方面，破除了部门限制及地区限制，医学高等院校毕业生可以在全国范围内自由流动；在择业期限方面，从毕业前直至毕业后两年内均可双向选择；在自主创业方面，创办企业的有关行政事业性收费项目被免除，并可提供小额贷款资助；在就业服务方面，政府有关部门特别是人才市场、劳动力市场和毕业生就业市场提供多种公益性服务，毕业院校亦有周到的指导和服务；在困难补助方面，毕业后可以登记失业，享受失业人员优惠政策，特别困难的还可以申请临时救助，可以得到比如生活救助、医疗救助、司法救助等方面的支持。可以说，现有政策涵盖了医学高等院校毕业生就业的各个方面，基本形成了比较完善的政策框架体系。

2. 经济环境

经济的快速发展为医学高等院校毕业生提供了广阔的就业空间。解决医学高等院校毕业生的就业问题的根本办法是依靠经济的健康快速发展。我国加入 WTO、实施西部大开发战略等都会增加更多的就业机会。

3. 组织环境

西方关于职业发展有句名言“你选择了一个组织，就是选择了一种生活”，组织将是个体实现个人职业抱负的舞台。现代组织越来越强调组织文化的建设，对员工的适应生存能力也提出了更高的要求，只有在组织和员工之间拥有较多的共同点，才是个人融入组织的最佳选择。如，组织的人力资源需求增加将扩大就业和晋升机会，教育培训工作的有序开展使组织内成员的能力得以提高等。因此，组织环境是个人职业发展的依托。

4. 人际环境

个人处于社会中，不可避免地要与各种人打交道，而事业如何发展与个体交往能力的关系越来越密切，在环境中建立良好的人际关系将有助于个人的职业发展。处理好个人在职业发展过程交往的人群，包括上下级、同事及竞争者，甚至服务对象的关系，是作为一个职场人员必须关注的问题。

对于个体来说没有绝对的不利环境，好的环境可以通过自己的努力去营造。在社会大环境中，我们应审时度势，学会选择环境和利用环境，找出环境中利于自己发展的空间，并努力为自己所用，为自己的职业发展创造契机。

第二节　了解所学专业及其课程设置

医学高等教育是我国高等教育的重要组成部分，其专业目标是培养全面发展的高级专业人才，在社会经济发展过程中发挥了重要的作用。正确认识医学高等院校教育的性质、特点，专业培养目标、专业的课程设置，有助于帮助学生更好地自我定位，把握人生。

一、了解本专业应该学习的课程设置

要学习一个专业，首先必须对该专业所需学习的课程、课程资源配置、学习的目标与要求、考核方式等有初步的了解。课程设置是整个专业教学计划的核心，科学的、符合专业教学指导思想并富有专业特色的课程设置是培养优秀专业人才的基础。

（一）课程设置的作用

课程设置对专业的全部教学活动具有原则性、方向性和指导性的说明作用，它对哲理的形成、概念框架的制订、培养目标的确立、教学内容与教学方法的选择、教学进程的计划与安排以及评价过程都有具体和明确的限定。

（二）医学高等教育的课程设置

目前，医学高等教育基本按照理论教学与实践教学并重的原则，将课程体系分为理论课程体系与实践课程体系，这一课程体系还特别加大了实践教学的环节。医学院校传统的专业设置见表1-1，主干课程见表1-2。

医学高等教育强调理论教学和实践教学过程中的相辅相成。在整体上，注重理论课程涵盖知识的先后顺序；在课程形式上，以必修课、选修课和各种形式的教学活动相结合。实践教学课程贯穿专业教学始终，与理论教学体系做到配合紧密，相互渗透、弥补不足、促进知识技能的融合。实践技能训练课程在整体安排上遵从简单到复杂、单一到综合、操作技能向心智技能发展的顺序。

理论课程体系包括公共理论课和专业理论课两部分：公共理论课如思想政治、体育、大学英语、计算机、大学语文等；专业理论课则分为专业基础课与专业课。以医学类专业为例，专业基础课包括人体形态学（解剖学）、生理学、病理学、生化学、免疫与微生物学、药理学等；专业课则包括内科学、外科学、儿科学、妇产科学等。

表 1-1　医学类传统专业设置

专业类别	学　科
基础医学类	基础医学
预防医学类	预防医学
临床医学与医学技术类	临床医学
	医学检验
	麻醉学
	医学影像学
口腔医学类	口腔医学
中医学类	藏医学
	中医学
	针灸推拿学
	蒙医学
法医学类	法医学
护理学类	护理学
药学类	药学
	中药学
	药物制剂

表 1-2　医学类专业主干课程设置

专业名称	主干学科	主干课程	主要实践教学环节	相近专业
临床医学	基础医学、临床医学	人体解剖学、组织胚胎学、生理学、生物化学、药理学、病理学、预防医学、免疫学、诊断学、内科学、外科学、妇产科学、儿科学、中医学	毕业实习安排一般不少于48周	临床医学、麻醉学、医学影像学、医学检验、放射医学、视光学、康复治疗学、精神医学、医学技术、听力学、医学实验学

续表

专业名称	主干学科	主干课程	主要实践教学环节	相近专业
药学专业	药学、化学、生物学	有机化学、物理化学、生物化学、微生物学、药物化学、药剂学、药理学、药物分析学、药事管理学、临床医学概论	包括生产实习、毕业论文设计等，一般安排 22 周左右	药物制剂
中医专业	中医学	中医学基础、现代医学基础、中医古典医籍、中医诊断学、中药学、方剂学、中医内科学、中医外科学、中医妇科学、中医儿科学、中医骨伤科学、针灸学	毕业实习安排一般不少于 48 周	中医学、针灸推拿学、蒙医学、藏医学、针灸推拿
护理学专业	伦理学、心理学、护理学	人体解剖学、生理学、医学伦理学、心理学、病因学、药物治疗学、诊断学基础、护理学基础、急得症护理学、内外科护理学、妇儿科护理学、精神护理学等	包括临床综合实习、社区实习、论文撰写等，一般安排不少于 36 周	护理学、营养学、医学美容技术、助产、护理
预防医学	基础医学、预防医学	生物化学、医学徽生物学、免疫学、生理学、病理学、诊断学、内科学、卫生统计学、流行病学、环境卫生学、营养与食品卫生学、劳动卫生学、少儿卫生学		预防医学、眼视光学、卫生信息管理

二、与未来职业发展有关的课程设置

对于一位专业技术人员，学校学习只是个人职业生涯发展过程中的一个阶段而已，在以后的职业生活中，还需要不断地学习来充实和提高自己，这就是在医学高等院校培养目标中提及的“学生应具有一定的可持续发展能力”。医学高等院校教育者对于这一点进行了充分的研究和探讨，设置了有助于个人未来职业发展的一些课程，使学生具有一定的发展潜力。各专业与未来职业发展有关的课程设置有所差异，但一般具有以下的共同点：

1. 课程应有助于学生获得和应用各种信息

随着国际交流的增加，信息技术的日益发展，“信息”已成为社会、国家、行业和个人发展的重要因素。而要做到“善于获得信息、利用信息”，则需要具有一定的外语能力以及网络技术。如，大学英语、计算机应用能力、医学文献检索等非专业课程，应该当成专业课来学习，打好基础，为以后的职业发展做好铺垫。

2. 课程应有利于综合素质的提高

各用人单位均希望所聘用的人员业务能力强，团队合作好，综合素质高。为了提高学生的综合素质，各高职院校开设了相应的课程，如，某高职院校的护理专业开设护理人文学：将护理哲学、护理职业素质、护理伦理、护理与法、护理与社会、护理与文化、护理与人际关系、护理与行为和护理美学等内容融为一体。其课程目标为通过学习，使学生树立正确的世界观、人生观和价值观；培养学生具有良好的职业道德品质和较高文化修养；培养学生具有解决问题的能力和人际交往的能力，最终使学生的综合素质得到全面提高。同时，一些其他的课程，如文学欣赏、音乐欣赏、现代交际学、大学语文等，均有利于学生综合素质的提高。

3. 课程应有利于解决问题能力的养成和发展

工作就是不断地发现问题、解决问题的过程。有企业经济学家提出：“一个人才的价值体现在其解决问题的能力上，在人才竞争日益激烈的当今社会，个体的竞争力表现为卓越的解决问题的能力。”使学生具备明显的竞争优越性，是高等教育的职责。如，香港理工大学护理专业开设了“以问题为本的学习”课程，该课程旨在通过案例讨论，使学生从个案分析、提出问题、收集相关资料、解决问题的过程中，确立正确的思维模式，掌握解决问题的正确方法。另外，护理专业开设的护理管理学、护理科研设计，以及新兴的护理经济学等课程，其最终目的亦在于教会学生如何去解决护理行业中管理、科研、护理成本核算等方面的问题。

对于学生而言，了解专业课程设置必须先了解该专业的人才培养目标，因为人才培养目标是方向，课程设置只是达到目标的手段，而且课程设置并非一成不变，将依照社会需求的变化，做出适时的调整。

第三节　形成职业期望

通过对职业环境和自我剖析，进入大学后要尽早思考自己的职业方向，形成职业预期。

一、我的优势与不足

（一）认识自己，了解职业

认识自己，既包括认识自己的兴趣、气质、性格和能力，也包括认识自己的生理素质、知识结构和职业适应性。其目的在于真正了解自己最适合干什么工作。了解职业，既包括职业活动内容、职业特点、职业环境、职业报酬，也包括了解职业对从业者素质的要求。了解职业的目的，在于求职时有针对性，减少盲目性。任何人都有自己的优点和缺点，然而，优点和缺点并不是绝对的，有时对一种工作来说是优点，对另一种工作来说却是缺点。同样一种因素，对某些职位来说是优点，而对另一些职位来说就可能是缺点。因此，要有选择地突出自己的某些优点，实现扬长避短。

（二）明确自身优势

一个人在选择职业岗位时，综合考虑自己的素质情况，根据自身的特长和优势选择职业岗位，以利于在职业岗位上能够顺利、出色地完成本职工作。发挥个人素质优势主要包括以下三点。

1. 发挥专业所长

医学生经过大学阶段的学习，不仅具有较为扎实的基础知识，而且具有一定的医学专业知识。因此，在选择职业岗位时，要从所学专业特点出发，做到专业基本对口。这样就可以在职业岗位上发挥所长，大显身手。

2. 发挥能力所长

同一专业的同届毕业生，由于个人的情况不同，能力也有差异，根据不同的能力选择不同的职业岗位，是充分发挥个人素质优势的最佳体现。比如，有的人语言表达能力较强，适合医学教学、医疗保险、医疗器械销售工作；有的人研究能力较强，适合继续深造搞科研；有的人组织能力较强，适合领导或管理工作；还有的人动手能力较强，适合从事外科、产科等工作。由此可见，根据自己的能力所长选择职业岗位，既是胜任工作的需要，也是发挥个人最大潜力、进行创造性劳动的需要。否则，事与愿违，功不成、名不就，就会贻误事业与前程。

3. 适当考虑性格特点

就性格本身来讲，并不能决定一个人的成才方向和成就的高低。同一性格的人，有的可能很有作为，有的则可能一事无成。性格相异的人也可能在同一领域、同一职业中成才。但是，在选择职业岗位时，适当考虑自己的性格特点，充分发挥性格所长则是十分必要的。比如，在职业活动中，有的人是用理智去衡量一切并配合行动，这样的人就适合从事基础理论研究工作；有的人很有主见，并善于发现问题和解决问题，这样的人就较适合从事科学研究或领导工作。

（三）发现自己的不足

“金无足赤，人无完人”，人无法避免与生俱来的弱点，必须正视，但应尽量减少其对自己的影响。优柔寡断的性格不适宜医院管理者的职位，缺乏耐心、粗心大意的人当不了好的护士。因此，在职业规划之前后都要注意静下心来，多与人交流，了解预想中的自己与别人眼中的是否一致，并找出自身弱点与所期望的职业、目标之间的偏差，尽量寻找弥补、克服的方法，这将有助于自我提高，也为将来的成功除去障碍。

二、我心目中理想的职业是什么

一般来说，一个人明确的职业目标是在大学期间产生的，职业生涯规划实质上是形成职业期望、追求最佳职业生涯的过程。医学专业的学生不一定就终身从医，在现代社会中，职业发展的机会众多，在充分了解自己的优势与不足后，结合自己的兴趣特质，便可以着手设计未来，形成职业目标。有了职业期望，就可以在每一天的学习工作中为这个目标积累资源，创造条件。

三、确立目标职业

“如果你不知道自己要到哪儿去，那通常你哪儿也去不了。”目标职业的确立是大学生职业生涯规划的核心内容。确立什么样的目标职业？你适合什么样的目标职业？在目标职业的追求过程中需要有什么样的能力要求？如何培养能力？这些都是本节要着重阐述的。

职业生涯规划中有两个重要的步骤都涉及目标的确定，一是人生的目标，二是各个角色的目标。设立目标和方向，好比罗盘指针在被磁化之前所指的方向是不确定的，但是指针被磁化具有特殊属性之后，它们就会永远指向北方——忠实于两极了。同样，树立大的方向后，无论迈出的是哪一步，都是朝着这个大方向的。选定生涯目标后，还要考虑向哪一条路线发展，是专业技术生涯发展路径、行政管理生涯发展路径，还是自主创业的生涯发展路径等。有的人适合做研究，希望在某一领域成为专家，成为卓越的学者；有的人擅长做技术，在技术领域或实验室建功立业；还有的人适合搞行政管理，成为一名优秀的教育管理者。

（一）专业技术型生涯发展路径

专业技术型发展路径指工程技术、工程管理、技术经济等职能性专业方向。通常情况下职业由本人所学的专业确定，如果具备了一定的专业技术知识、技能，对专业技术及相关活动感兴趣，并追求这方面的提高和成就，则专业技术发展路线是较好的选择，相应的发展阶梯是技术职位的晋升。

如果开始选择了专业技术方向，以后对管理也感兴趣，这并不妨碍今后在管理岗位上做出成绩。如今由技术工作转为管理工作的情况屡见不鲜，一些公司经理或部门经理甚至各级行政领导很多原先都是从事技术工作的，他们在升迁之后多数不再从事一线技术工作。

（二）行政管理型生涯发展路径

如果你热爱管理工作，稳重、老练、善于与人打交道，协调能力强，不喜欢做具体技术工作，或者所学专业的技术发展前景不大，行政管理发展路径便是较好选择；一般来说，管理工作需要从基层职能部门开始，如果管理才能、业绩得以展现和被认可，行政职位就可以逐渐向高层提升。

（三）自主创业型生涯发展路径

国家鼓励和支持大学生自主创业，自主创业对人生是一个挑战，有艰辛、有快乐，有失败、也有成功。自主创业与以上参与性岗位的工作不同是，对创业者的素质要求较高，还要结合自己的专业特长，特别要善于把握机遇、勇于创新，心理素质要好，能够承受风险和挫折，善于学习。

职业发展路径明确下来，生涯选择过程就告一段落了。接下来是真正的在生涯的起点与终点之间切割我们的人生了。纵观今后几十年的生涯发展，在时间上做一个划分，为自己制定长期目标、中期目标和短期目标。一般长期目标为 10 年左右，中期目标为 5 年左右，短期目标为 1 到 2 年，更短期的目标又可分为年目标、月目标、周目标、日目标。

四、根据所学专业确立目标职业

（一）确立目标的重要性

美国的戴维·坎贝尔说过："目标之所以有用，仅仅是因为它能帮助我们从现在走向未来。"对于职业生涯而言，最重要的就是目标。有了明确而合适的目标，便有了人生为之奋斗的方向，并激励人们努力奋斗，积极创造条件实现目标。反之，没有目标的人如同航行在茫茫大海中的孤舟，没有方向，不知所终。成功与不成功的人唯一差别就在于，成功的人可以无数次修改方法但绝不轻易放弃目标；与之相反，不成功的人总是修改目标，就是不改方法。无数事实证明，一个人能否成就一番事业，很大程度上取决于有无一个正确而适当的人生目标。

（二）根据所学专业确立目标

大学阶段的教育是职业教育，与中小学教育完全不同。每所院校都有自己相对稳定的专业，这些专业都是根据社会需求确定的，是与社会经济结构相适应的。每个专业都有自己对应的职业或职业群。专业的确定在很大程度上限定了大学生将来择业与就业的范围。进入专业学习的学生，不论他当初是经过深思熟虑自愿报名的，还是顺从父母、亲友的意愿被动报名的，他们都在选择职业方面迈出了重要的一步，将来所要从事的职业大都有了初步的确定，比高中生的职业方向更明确，任务更具体。

大学生应当了解专业所覆盖的和相关的职业群，了解其现状与未来、地位与作用，培养对未来职业的兴趣，树立职业理想。上大学就已经站在自己职业生涯的起跑线上，只有明白自己的目标，才会有学习、生活的动力。大学生能否尽早认识职业，有目的地选择并学好专业，明确个人职业发展方向，是决定能否顺利就业、实现人职匹配的关键。

大学生从进校起就应该确立职业准备意识，明确现在所学的都是为将来的职业做准备，需要大学生从现在开始就积极地投入到职业准备的行动中。按照职业对人的素质规范要求，找出自身差距，自觉地提高对职业的适应程度，做好从业的准备。

五、目标职业与专业技能要求的关系

除了建立合理的知识结构外，还必须将知识转化为技能。知识更多地表现为你知道什么、你理解了什么，而技能则表现为你会做什么、能做好什么。做任何一个岗位工作，除了要求你必须具备一定的理论知识，还必须掌握相应的操作技能。只有当知识转化为技能时，我们才可以安身立命，才能够谋求更大的发展。在现实生活中，实际操作技能的强弱，将直接影响到一个人作用的发挥。

大家知道医学科学是一门实践性很强的应用科学，是以人体病理作为诊疗对象的特殊学科，“人命至重，有贵千金”。要提高自己的动手能力主要在于多看、多练。平时严格要求自己，重视临床实践，多参与操作，特别是病历书写、体格检查、常规化验、换药导尿、输液输血、无菌技术、手术操作等基本功，要稳扎稳打，勤学多练。看得多、接触得多就可以掌握一些基本的操作程序和方法，练得多才能真正提高自己的操作技能。因此，大学生在进行职业生涯规划时，要根据个体特点，建构合理的知识结构，掌握扎实的专业操作技能，最大限度地发挥知识的整体效能。

一个人的择业目标能否实现，除了个人素质、专业、社会需求、机遇条件外，还主要取决于自己对择业期望值高低的选择。当毕业生根据自身条件和社会需求确定了自己的择业目标之后，如何把握择业期望值，就成为毕业生择业目标能否实现的关键问题。如果把握不好，就难免走入择业误区。要正确把握好择业的期望值，就应防止下述问题的出现。

1. 防止图虚荣的思想

由于虚荣心作怪，一些毕业生在选择职业时，不顾客观条件的限制，一心只想找一份令人羡慕的职业，至于自己能否胜任，是否适合自己，能不能有所发展则不予考虑。其结果要么因超越现实而无法实现，要么在工作岗位上因无法施展才干而业绩平平。

2. 防止图享受的思想

优越的待遇和条件往往对大学生最具有诱惑力，但也是导致毕业生择业失败的误区之一。客观地讲，毕业生希望自己有一个较好的工作环境，这种职业期望值是可以理解的，问题是有部分毕业生对这类单位的职业活动特点知之甚少，而对其收入和生活条件期望过高，甚至有部分毕业生只重金钱、图实惠，只要生活条件好，不惜放弃自己的专业知识和抱负。这种只图一时实惠和享受，不考虑国家需要和个人发展的思想倾向，不仅是不可取的，也是不现实的。

3. 防止图安逸的思想

害怕艰苦，不愿到基层第一线和艰苦地区工作，这也是导致部分毕业生择业出现偏差的重要原因。有几分耕耘，便有几分收获。人生犹如一场竞技，不付出艰苦的劳动，便无法得到社会的承认。

4. 防止偏离自己的择业目标

择业目标的确定要从自身素质和社会需要来考虑，确定择业期望值也应如此。医学生在确立自己的择业期望值的过程中，如果偏离了自己的职业兴趣、专业特长和实际能力，就失去了自己的优势，从而偏离了自己的择业目标，进入工作岗位后，无形当中增加了许多“补课”负担，个人的价值就难以实现。这不仅不利于自身的发展和成长，而且对国家和人民的利益也是不利的。

5. 防止期望值过高

有的毕业生在择业过程中，不顾自身条件的限制，眼睛死盯着“好单位”，宁愿呆在“上面”无所事事，也不愿到“下面”较适合自己的地方去施展才华。实践表明，择业期望值过高最容易使人陷入两种困境：一是由于期望值超出现实而使自己在择业时屡屡失败；二是即使侥幸获胜，也会因自身能力不及，工作无法胜任而处于被动之中。

第四节　大学期间的学业及生活规划

一、大学生学业规划

大学生学业规划，是指大学生对与其事业（职业）目标相关的学业所进行的安排和筹划。具体来讲，是指大学生通过对自身特点（性格特点、能力特点）和社会未来需要的深入分析和正确认识，确定自己的事业（职业）目标，进而确定学业发展方向，然后结合自己的实际情况（经济条件、生活现状、家庭情况等）制订学业发展计划。换言之，学业规划就是大学生通过解决学什么、怎么学、用什么学、什么时候学等问题，以确保自身顺利完成学业，为成功实现就业或开辟事业打好基础。

各专业基本学业规划都有相似之处，下面是我们以临床医学五年制专业学生为例来制订的学业规划。医学生与普通大学生不同的地方，不仅在于学制的长短不一，更在于医学是一个社会化程度非常高的行业，临床见习与临床实习，繁重的课业安排都让医学生这个群体看起来格外与众不同，同时，医学院校不同专业之间的课程设置相差较大。

案例：临床医学专业学业规划

临床医学专业学生在校学习时间一般为5年，其中前半段是基础学习，后半段是专业学习和实习。

（一）大学一年级学业规划

大一，要加深对本专业的培养和就业方面的认识，初步了解将来所从事的职业，为制定大学目标打下基础。要求大学生对所学的专业知识要精深广博，除了掌握基础知识、专业知识，还要拓宽知识面及相近的若干专业知识和技术。从各学期的课程来看，一年级以大学公共基础课为主，主要有思想品德修养、英语、计算机、高等数学、物理、基础化学和有机化学等，一般会有1～3门医学基础课，如细胞生物学、组织胚胎学和解剖学等。

一年级为适应阶段。大学新生入校后，生活时空发生很大变化。由一个见识、交往活动范围较为狭窄的天地，进入一个见识较为广博、交往活动范围较为宽阔的天地；由上课、作业、考试及活动均由老师统一安排，转化为需要自己来设计和安排学习、生活等。

此阶段的规划重点包括：掌握正确的学习方法，学好公共基础课（包括素质教育课），并重点学好一门外语；若学校规定允许对本专业缺乏兴趣不满意的，可申请转专业或积极准备插班生考试或业余自学其他感兴趣的知识；对电脑了解不多的同学可进行一些基础知识的补习；完成计算机一级考试（学校一般会组织安排）；有计划地选择参与一些文体活动如绘画、书法、演讲等特长的培训和锻炼，有意识地关注综合素质发展。

（二）大学二年级学业规划

二年级的课程有马克思主义基本原理、毛泽东思想概论等，英语、体育等公共课也继续开设，医学基础课程将集中开始授课，主要是生理学、生物化学、微生物和免疫学、病理学、病理生理学等课程。

二年级为确立目标阶段。大二是五年中重要的时期，这时，大学的概念已经在大学生脑海里形成，大学生们已渐渐适应了校园生活。社团活动方面已大多成为骨干分子。学习上基本都是专业课，因此，对自己专业的认识也比较深入和全面。此时，需要加强对社会的了解和接触，提高求职技能，搜索各种信息。但时间流逝快，很多东西看上去似乎没什么进展。

准备出国的同学，一方面要加强出国信息的收集和准备，另一方面要加大外语学习力度，准备参加雅思或托福考试等，这是出国的基本条件，当然还要多了解目标国家的人文背景、风土人情，了解自己准备去的工作环境和工作性质，提前做好准备。

（三）大学三年级学业规划

三年级的课程更加集中，无论课程数还是课时数都比前两年要多，基础医学和桥梁学科占了最大的比重，主要有药理学、遗传学、人体寄生虫学、医学影像学、核医学、康复医学、社会医学、卫生学、中医学、针灸学、医学统计与流行病学等，诊断学、外科基础开始培养医学生的诊疗思维。这一阶段的专业学习任务很重，要合理安排好时间，把专业知识学好。

（四）大学四年级学业规划

四年级的学生开始见习，以临床各专科为主，如内科学、外科学、妇产科学、儿科学、传染病学、口腔科学、眼科学、耳鼻咽喉科学、皮肤性病学、神经病学、精神病学、医学心理学、医患沟通学等。这一阶段在学习理论知识的基础上，开始接触临床。这对今后的工作有极大的帮助，所以，医学生们应积极实践，为实习奠定基础。

（五）大学五年级学业规划

五年级是医学生全面展开实习、掌握临床各项操作规程、了解和熟悉临床常规流程、不断训练正确诊疗思维的黄金时期。大部分学生进入生产实习，部分学生对自己的出路有了规划，大学生要对前几年的准备做总结。首先检验确立的职业目标是否明确、准备是否充分，设立求职行动方案。然后，接受择业技巧培训，充分利用学校提供的条件，了解学校就业指导中心及各种渠道提供的资料信息，强化求职技巧，学习写简历、求职信，进行面试等训练。

大学生由学校走向社会，进行临床实习。此阶段是将在学校所学的理论知识转化为临床实践的过程。同时，也是进行职业选择的关键时刻。此阶段的规划重点包括积极参加临床实践，勤学苦练，在医疗工作实践中不断增长自己的才能，提高操作技能和临床诊治能力。

在职业生涯发展的道路上，只要不放弃目标，每一次挫折、每一次失败都是有价值的！大学生涯发展必须有目标，而且目标不能随便改变，但这不等于说大学阶段的发展目标就一定不能改变。就业也好，考研也好，创业也行，都是走向成才，不存在哪个高级、哪个低级，哪个合理、哪个就一定不行。确定这些目标的依据是多方面的，既有来自个人的因素如兴趣、能力、性格、价值观等，也有来自家庭的因素如家庭经济状况、父母期望值等，更有来自学校与社会的因素如学校层次、专业发展前景、社会政治经济形势等。到底是选择就业还是考研，是令大学生最烦恼的生涯决策之一。按说，考研与就业并不矛盾，因为两者既可以同步进行也可以分步进行，考研的时间每年是相对固定的，通常是元月底寒假前，而找工作的时间可以从头一年的 11 月一直持续到次年的 6 月甚至毕业后都可以继续。为什么会烦恼呢？说白了是计划与心态的问题。如果大一大二没计划考研，到了大四大五突然决定考研，成功的概率无疑会低一些；反过来，如果大一大二计划好考研或出国留学，大五时又改过来想先就业，也会显得有点措手不及。

学业规划要注意把握以下要点：

1. 更新方法，尽快适应

进入大学后，学习由以教师为主导的教学模式变成了以学生为主体的学习模式。学生的学习方法也必须随之变化。学习方法对学习成绩的影响是不言而喻的，大学的学习方法与中学时的学习方法差别很大，需要大学新生尽早调整，尽快适应。

2. 全面把握，制定目标

从上述临床医学课程的设置来看，课程多、课时紧，很多学生只顾学习本学期的课程，而很少去了解以后的课程，常常不知道下一个学年的学习内容，也就很难提出什么学习规划。通过老师、学长可以全面了解本专业课程，也有利于自己去理解本专业的学科构成，有更清晰的学习思路。

二、大学期间的生活成长规划

大学生大多远离父母，缺少父母的直接监督，大学生生活环境相对宽松，但是学习知识的广度和深度都大大增加，而平时的学业测试一般较少，社会交往的范围增大，个人可支配资源增多。而独立生活经验的缺乏，导致容易受到各种诱惑，需要我们不断加强自律、潜心学业、勤俭朴素。在自主的生活中培养独立能力。在大学里，没有父母可以依靠，饭来张口的日子已经结束了，独立自主的生活开始了。许多人在中学时代强烈希望自己能过上独立的生活，但真的过上了，又会发现所要面对的问题之多、困难之大是始料未及的。需要我们向自理能力强的同学学习，培养自己的独立意识，尽快适应这种生活，避免计划失当，使生活陷入混乱。

（一）养成良好的生活习惯

习惯拥有巨大的力量，好的习惯使人立于不败之地，坏的习惯可以把人从成功的神坛上拉下来。事实上，成功与失败的最大分界，来自不同的习惯。好习惯是开启成功的钥匙，坏习惯则是一扇向失败敞开的大门。好习惯使人在生命的历程中少受自然法则的惩罚，在成长的过程中多一些阳光雨露，促使人不断完善自我，孕育出一个全新的自我。与此相反，坏习惯的破坏力量也是巨大的、惊人的。人一旦养成了坏习惯，受坏习惯的支配，变成它的俘虏，就会在人生过程中显得力不从心，很难有所作为。培养良好的生活习惯包括以下几方面：

（1）学会休息，养成放松的习惯。

（2）培养良好的睡眠习惯。

（3）培养从容不迫的习惯。

（4）培养运动的习惯。

（5）培养纠正自己缺点的习惯。

（6）培养胸襟开阔的习惯（凡事要想得开）。

（二）培养健康的兴趣爱好

兴趣是一个人力求认识、掌握某种事物，并经常参与该种活动的心理倾向。兴趣是最好的老师，对人的发展有一种神奇的力量。人们对某种职业感兴趣，就会对该种职业活动表现出肯定的态度，在工作中调动整个心理活动的积极性，开拓进取，努力工作，有助于事业的成功；反之，强迫做自己不愿意做的工作，对精力、才能都是一种浪费。兴趣引导爱因斯坦走进科学迷宫，成为一代科学巨匠；贝多芬迷恋神奇的音乐世界，终成流芳百世的音乐家。

一个人的兴趣爱好，能显示他的多方面的才能和修养，这样的人除了比别人多一种技能外，更重要的是，他们往往有进取心，有发散性的思维，比较热爱生活。另外，打字、计算机、口译、驾驶、报关员等也可以作为技能，但一般要求有资格证书作证明，如果拥有这类操作性技能证书，则也是一张“硬派司”。一般说来，兴趣爱好广泛的人，选择职业时的自由度就大一些，他们更能适应各种不同岗位的工作。广泛的兴趣可以促使人们注意和接触多方面的事物，为自己选择职业创造更多的有利条件。在开放度极大的都市里，企业最欣赏的是一专多能的复合型人才。古今中外许多著名的科学家、文学家和艺术家，都是在强烈的兴趣驱使下取得事业成功的。

因此，大学生要围绕所学专业发展自己的兴趣爱好，并以这些兴趣为契机，加强相关知识的学习和积累，注意发展自己的优势能力。

（三）树立青春期正确的交友观

1. 树立青春期正确的交友观

随着年龄的增长，大学生需要有人分享自己的思想、情感、理想。与同学谈及自己的人生价值观，彼此之间可以互相帮助，共同进步。处于青春发育成熟期的大学生，心中对朋友的定位已经不是所谓的玩伴了，而是在个性上可以相互影响并且相互尊重，心理上能够产生共鸣，成为心灵上的朋友。

“黄金万两易得，知己一个难求。”真正的知心朋友彼此是相互了解和理解的，诚心诚意地交往，不仅能够坦率地接受对方的意见，而且能够真诚地指出对方的缺点和不足，并帮助他改正和提高，给对方以精神上的支撑。能够在大学里交到真正的朋友是人生最大的幸福。

友情是朋友间情感的交流，是内心的交流，是相互的理解，用自己的真诚去换取朋友对自己的真诚，达到的是心灵与心灵的共鸣。深远而持久的友谊往往由此而产生。朋友间坦诚的话语可以拉近彼此心灵的距离，在直率的倾吐中可以切磋砥砺、开阔眼界，正如萧伯纳所言：“朋友各拿一个苹果做交换，仍是一人一个苹果，而若朋友各拿一种思想交换，那一人便有两种思想了。”真正的友情是可以让朋友之间相互帮助，共同进步，但又不彼此依赖；既能保持自己独立的个性，又能互相帮助改正缺点，在建立和维护友情的过程中，都可以成熟起来。朋友之间不是功利性的关系，友情不是见面时寒暄式的问候，不是酒桌上的应酬，而是“在所有其他的人都舍弃了你的时候，你知道还有一个人的同情和热爱，这是最深沉的苦难之中的一种依傍、一种支持、一种安慰剂；这是财富所不能换取的，也不是权力所能赐予的”。友谊是有价值的，但当你去利用它时，它就不是纯粹的友谊了。希望大学生们能建立并珍惜真挚的友谊，以此为人生添彩。

2. 让同学友谊地久天长

同学之间的友请是可贵的，然而，虽然我们置身于这种友谊之中，却未必真正认识到这种友谊的价值。毕业的日期已经一天天临近，在与同学在校相处的最后日子里，我们不仅要更加珍惜同学间以往的友谊，还要努力去发展这种友谊，让同学间的友谊地久天长，永存于我们每个同学的心中。当我们回首往事的时候，我们可能会不无留恋地说：学校的学习生活是美好的，同学间的友谊是永恒的。那么，如何才能建立真诚的友谊呢？首先，要大度，化干戈为玉帛。几年的学校生活，同学之间难免会有些磕磕碰碰、恩恩怨怨，对这些不愉快的往事不宜小肚鸡肠、耿耿于怀，更不要制造事端、寻衅报复，要豁达大度、得饶人处且饶人。主动接触原来与自己有隔膜的同学，化解矛盾、握手言欢，这是赢得别人的尊敬，同时也是尊敬自己的表现。那种损害他人名誉，甚至聚众斗殴的做法是愚蠢的、不理智的，干这种蠢事的人，不仅损害了他人，自己也必将自食其果。

其次，毕业前夕同学之间要多组织一些值得纪念的活动，以此来巩固和发展以往的友谊。如，同学间相互赠言，把自己美好的祝愿写在同学毕业纪念册上，最好再送给同学一张你认为最满意的自己的照片，把你的音容笑貌始终留在同学身边；又如，可组织“告别舞会”、“毕业联欢会”等，如果有条件的话，还可以把组织各种活动的情景进行录像并制成光盘，使之成为一件十分有保留价值的“珍品”。当几年、十几年以后同学们再次相聚的时候，看着这些珍贵的历史镜头，重温着同学当年的友谊，大家一定会感慨万千。

最后，建立同学之间较为稳定的联系。如，编印同学通讯录；以地区为单位建立联络网；在可能的情况下组织同学会，成立一定形式的组织联盟，每隔几年组织一次活动；尽管相隔万里，现代的通讯手段却将我们紧紧地联系在一起；或以留校同学为中心建立联络点，不定期地向同学们通报各自在事业、恋爱、婚姻、家庭方面的情况等。

（四）培养正确的世界观

大学时期的学生们正处于世界观的形成期，他们思想活跃，但心理上不成熟，对事物的看法有时会过于片面，有热情但好冲动。所以，大学生应该加强思想品德的修养，培养积极的心态，树立爱国家、爱人民、对社会负责任的良好的世界观。

三、大学期间的社会活动规划

进入大学后，各种校园组织会热忱欢迎新成员的加入，以扩大组织力量、提高活动水平。除了正式的组织，如，党组织、团组织、学生会、班委会等以外，也有业余的、由志趣爱好相同的学生自愿组织起来的各种学生社团。这些社团有各种类型，有专业学术型的，如，邓小平理论研究会、科普协会等；有文体娱乐型的，如，文学社、足球协会、书法协会等。同学们可以根据自己的特点和爱好，经过慎重考虑，选择一两个社团参加，以丰富自己的课余生活，锻炼自己的组织和交往能力。

（一）学习与社团

大学一般都有各种各样的学生社团，比如，“法律研究小组”、“英语沙龙”、“文学社”等，同学们可以在那里大显身手。大家通过定期或者不定期的活动，互相交流学习心得，比起一个人闷头学习，常常事半功倍。在这里，浓郁的学术氛围、热烈的讨论，更容易激发同学们学习的积极性和创造性。

校园的各种社团是培养学生才能的第二课堂。大学时代是大学生长知识、长身体的时期，培养各方面的才能十分重要。校园的各种社团正是为了大学生能拥有多姿多彩的校园生活而设立的，同时这些活动也可以培养大学生的素质。大学生在课余时间参与或者进一步组织一定的社团活动很有必要。

俗话说“三个臭皮匠，顶个诸葛亮”。如果你想要加入一个学术社团，最好是先做好一些前期咨询，可以询问一些参加过的师兄师姐，因为这些社团一般都是一些学生的自发组织，有的已经发展得比较成熟，学术气氛比较好，也比较正规，有的时候可能还会请一些专家教授做指导。学生会是学生自我管理的组织，它具有组织管理、开展学生活动的功能。它所组织开展的校园活动，都有一个全面细致地研究学生心态、动态的过程，而活动的成功与否，就相当于一个产品市场认可程度的大小。所以，不要轻视学生会工作，尽力让自己融入其中以此进行能力储备。协调好学习与活动之间的关系，不要因频繁的社团活动耽误学习。

参加社团活动以及学生会活动时，就要开始注重自己人脉的发展，不要让毕业的学长们有“人走茶凉”的印象，向他们要一张名片、一个联系电话，有活动时也可把他们请来，也许明天他们就是你走向社会的桥梁。

（二）学习与社会实践

大学生应该重视实践能力的培养和锻炼。实践能力的培养要从进入大学校门时候做起，参加社会实践，如，助工、助研、助管、助学活动，种种实践环节都是有益的能力训练机会。它不仅是对学生智力和体力的依次检验和训练，还是培养和锻炼自学能力、综合运用能力、实际动手能力、创造性思维能力和独立开展工作能力的系统训练。通过这种训练，可以增加其对未来工作环境、工作性质、工作要求以及自己所学专业应用范围的全面了解，从而发现自己的长处和不足，明确为适应未来工作学习而需努力的方向。通过这种训练，可培养提高分析和解决问题的能力。

暑期是同学们开展社会实践的黄金时期，学校将会组织一些专业性或社会性较强的活动让同学们参与，如，下乡支教、去企业、社会调查等，若能参加此类活动，肯定会受益匪浅，但由于条件的限制，很多同学不能如愿以偿。大部分的同学将自己去创造实践的机会，因为学校把暑期的社会实践列入教学计划，要作为学分来计算。这种社会实践的空间很大，可以“海阔凭鱼跃，天高任鸟飞”。

勤工俭学是高校学生参加社会实践的一种较普遍的方式。一般有两种情况：一种是家庭经济比较困难，希望缓解经济压力；另一种是希望从打工的经历中体验社会生活。我们发现打工更多的是带给人一种社会体验，而这种体验也将成为人生路上的一笔难得的财富。正如一位同学所说的“现在实习的机会不容易找，而现在毕业生找工作，有工作经验，已成为很多单位招聘的必备条件。在校期间参加勤工俭学，是一次实践机会，可以积累工作经验，同时还可以巩固自己所学的知识，提高自己的综合素质”。

在与社会的接触中了解自己的不足，培养自己的能力，增加社会阅历和实践能力，也许这个才是打工的真正目的所在。打工要合理安排时间，大学生的第一任务是学习，因此在处理打工和学习时，应以学习为主，打工为辅。很多同学颠倒了主次，甚至为了打工而完全放弃了专业知识的学习，造成学业荒废，知识漏缺，甚至退学，这样的结果就太得不偿失了。打工要为“能”动而不为“利”动，挣钱确实也是打工的一个目的，但不应该是唯一的目的。对大学生而言，如果能利用打工提升综合能力，这无疑是一笔无形的财富。“打工”最好能与自己所学专业的有关工作结合，例如，一位中文系的同学，有意识地争取到报社、杂志社打工实习的机会，毕业后，很轻松地找到了对口的工作。

×××大学期间生涯规划表

<table>
<tr><td rowspan="5">一般情况</td><td>姓名</td><td></td><td>性别</td><td></td><td>年龄</td><td></td><td>政治面貌</td><td></td></tr>
<tr><td>就读学校</td><td colspan="3"></td><td>院系</td><td></td><td></td><td></td></tr>
<tr><td>所学专业</td><td colspan="3"></td><td colspan="2">感兴趣的专业</td><td></td><td></td></tr>
<tr><td>起止时间</td><td colspan="7"></td></tr>
<tr><td>年龄跨度</td><td colspan="7"></td></tr>
<tr><td>规划总目标</td><td>就业</td><td></td><td>考研</td><td></td><td>留学</td><td></td><td>创业</td><td></td></tr>
<tr><td>具体方向</td><td colspan="8"></td></tr>
</table>

续表

<table>
<tr><td rowspan="9">自我分析（包括现状与潜力测评的发展潜能）</td><td rowspan="6">认识自我</td><td>我的气质</td><td></td></tr>
<tr><td>我的性格</td><td></td></tr>
<tr><td>我的能力</td><td></td></tr>
<tr><td>我的兴趣</td><td></td></tr>
<tr><td>我的职业价值观</td><td></td></tr>
<tr><td>我心中理想的职业</td><td></td></tr>
<tr><td rowspan="3">角色转为目标</td><td>从依赖到独立的转变</td><td></td></tr>
<tr><td>从被动学习到主动学习的转变</td><td></td></tr>
<tr><td>从未成年人到成年人的转变</td><td></td></tr>
<tr><td rowspan="6">环境因素分析</td><td rowspan="4">学校学习、生活等环境分析</td><td rowspan="2">本专业的课程设置（可另附表）</td><td></td></tr>
<tr><td></td></tr>
<tr><td rowspan="2">与未来职业发展有关的课程设置（可另附表）</td><td></td></tr>
<tr><td></td></tr>
<tr><td colspan="2">行业发展趋势与就业环境分析</td><td></td></tr>
<tr><td colspan="2">国家相关政策法规、经济形势分析</td><td></td></tr>
<tr><td rowspan="7">我的现状与规划成功标准之间的匹配分析</td><td rowspan="5">我的优势</td><td></td><td></td></tr>
<tr><td></td><td></td></tr>
<tr><td></td><td></td></tr>
<tr><td></td><td></td></tr>
<tr><td></td><td></td></tr>
<tr><td rowspan="2">我的不足</td><td></td><td></td></tr>
<tr><td></td><td></td></tr>
</table>

续表

<table>
<tr><td rowspan="4">征求意见</td><td colspan="2">家长意见</td><td></td></tr>
<tr><td colspan="2">老师意见</td><td></td></tr>
<tr><td colspan="2">同学意见</td><td></td></tr>
<tr><td colspan="2">朋友意见</td><td></td></tr>
<tr><td rowspan="15">大学生生涯规划目标分解</td><td rowspan="3">大一的目标</td><td>1. 学业规划目标</td><td rowspan="15"></td></tr>
<tr><td>2. 生活成长规划目标</td></tr>
<tr><td>3. 社会活动规划目标</td></tr>
<tr><td rowspan="3">大二的目标</td><td>1. 学业规划目标</td></tr>
<tr><td>2. 生活成长规划目标</td></tr>
<tr><td>3. 社会活动规划目标</td></tr>
<tr><td rowspan="3">大三的目标</td><td>1. 学业规划目标</td></tr>
<tr><td>2. 生活成长规划目标</td></tr>
<tr><td>3. 社会活动规划目标</td></tr>
<tr><td rowspan="3">大四的目标</td><td>1. 学业规划目标</td></tr>
<tr><td>2. 生活成长规划目标</td></tr>
<tr><td>3. 社会活动规划目标</td></tr>
<tr><td rowspan="3">大五的目标</td><td>1. 学业规划目标</td></tr>
<tr><td>2. 生活成长规划目标</td></tr>
<tr><td>3. 社会活动规划目标</td></tr>
<tr><td rowspan="10">大学期间生涯规划目标组合</td><td rowspan="2">学习目标</td><td>专业学习目标</td><td rowspan="10"></td></tr>
<tr><td>与职业相关的学习目标</td></tr>
<tr><td rowspan="5">生活目标</td><td>体魄健康</td></tr>
<tr><td>心理健康</td></tr>
<tr><td>学会理财</td></tr>
<tr><td>学会管理时间</td></tr>
<tr><td>正确交友</td></tr>
<tr><td rowspan="3">社会实践目标</td><td>参加社团目标</td></tr>
<tr><td>见习、实习目标</td></tr>
<tr><td>假期社会实践目标</td></tr>
</table>

续表

大学期间生涯规划成功目标	学习生涯成功目标	专业学习成绩优良	
		与总目标相关的学习成绩优良	
	生活成长成功目标	体魄健康	
		心理健康	
		会理财	
		会管理时间	
		人际内涵	
	社会实践成功目标	积极参加社团活动成为社团骨干	
		见习实习成绩优良	
		认识社会与职业	
找出差距			
缩小差距的方案			

在制订出大学期间的规划之后，还要进一步根据规划制订出按学期、月、周、日的实施方案，并在实施过程中及时进行评估，总结实施的效果，必要时对方案进行修正。

第二章　职业生涯规划概述

大学阶段是职业探索阶段，大学生对未来职业的认识是感性的，对当前社会中存在职业以及不同职业的特点缺乏一定的了解，甚至是想当然。很多学生对大学阶段所学的专业及将来就业后对口专业的岗位性质了解得并不够透彻，从而造成职业目标与现实存在差距，不能发挥自身的专业特长。对于医学生来说，有较强的专业特点，更要对不同职业进行了解，并对医学领域相关职业的内涵进行全方位的了解，为自己就业及职业生涯的发展打下坚实的基础。因此，针对医学生进行职业生涯辅导具有十分重要的意义。

第一节　职业的内涵

一、职业的定义

在现实生活中，人们总是要在一定的工作岗位上实现就业，但人们对“职业”一词却有着不同的理解。有人认为，职业就是“工作”，如医生、教师、法官等；有人认为职业是一种“生活来源”；有人认为职业是一种“等级身份”。对于职业的确切含义，众说纷纭。美国学者舒尔茨认为，职业是一个人为了不断取得个人收入而连续从事的、具有市场价值的特殊活动，这种活动决定着从业者的社会地位。日本职业问题专家保答六郎认为，职业是有劳动能力的人为了生活所得而发挥个人能力，向社会作贡献而连续从事的活动。

职业存在于社会分工中，在不同工作性质的岗位上，人们从事的工作在目标、内容、方式和场所上有很大的区别。一定社会分工或社会角色的持续实现，就形成了职业。

二、职业的特性

1. 社会性

职业充分体现了社会分工，是社会生产力发展的产物，每一种职业都体现了社会分工的细化，体现了对社会生产和社会进步的积极作用。社会成员在一定的社会职业岗位上为社会整体作贡献，社会整体也以全体成员的劳动成果而获得持续的发展和进步。

2. 经济性

在承担职业角色并完成工作任务之后，劳动者会从中索取报酬，获得收入。一方面是社会、企业以及用人单位对劳动者支付报酬；另一方面，劳动者以此维持家庭生活，这是保持整个社会稳定的基础。

3. 技术性

任何一个职业岗位都有相应的职业要求，能胜任和承担岗位工作的人，除了达到该岗位职业道德、责任义务和服务要求以外，还要达到持证上岗的技术水平。例如，所有岗位对学历证书、职业资格证书、专业技术考核证书、上岗培训合格证、专业工作年限等都有具体的规定，只有达到这些要求才能上岗。

三、职业的功能

1. 职业是谋生的需要

职业生活是构成人生的重要组成部分，人们的职业生活首先表现在必须通过参加社会劳动来获取生存必需的生活资料。我们把为了获取一定的报酬以作为生活资料来源的那一部分劳动称为职业劳动。人们通过参加一定职业岗位的职业劳动来换取职业报酬，满足谋生的需要，同时也积累了个人的财富。因为我国实行的是“按劳分配，效率优先，兼顾公平”的分配原则，所以，每个劳动者参加职业劳动的数量和质量将直接决定其财富的多少。

2. 职业能满足人们的精神需要，促进个性的健康发展

在著名心理学家马斯洛的需要层次论中，把人的需要分为五个层次，即生理需要、安全需要、社交需要、尊重需要和自我实现的需要，前两种需要为基本需要，后三种需要为精神需要。职业是个人获得名誉、地位、权利、成就、尊重以及自我实现等精神需要的重要来源。由于职业劳动是按照一定的社会规范和内在规律运行

的，每种职业都有其独特的活动内容和要求，对从业者的生理和心理必然产生重大的影响。当这种工作能够使个人的才干得到发挥、个性得到不断发展和完善时，它就成为促进个性健康发展的途径。

3. 职业是劳动者为社会作贡献的途径，是社会存在和发展的基础

职业的本质是劳动力和生产资料的结合，它体现着人与人之间的社会关系。人们的职业劳动在满足个人需要的同时，也为社会创造了财富，职业劳动生产出的物质财富和精神财富，构成了社会发展的基础。现代社会的劳动有着十分明确的分工，只有通过社会成员各自劳动成果的交换，才能满足彼此的需要，在这种平等的相互交换劳动成果的过程中，既体现出为他人服务的程度，又衡量出对社会和国家所作贡献的大小。职业也是维持社会稳定、实现“安居乐业”的基本手段。

四、职业的分类和发展趋势

（一）职业的分类

在漫长的原始社会中，人类劳动最早只有按男女性别进行的分工，男的打猎、捕鱼，女的采摘果实、挖掘茎块，所以不存在职业。在原始社会末期，出现了最初的社会大分工，农业、手工业和畜牧业开始成为专门职业。之后随着生产力的发展，社会分工越来越细，职业也越来越多。职业是人类文明和社会分工的标志。人类历史上职业的产生和发展，一方面体现了社会生产力发展水平和科技进步的结果；另一方面又促进了社会生产力的提高，促进了生产的社会化和专业化的发展。一个国家的社会职业构成，与其国民经济结构、经济与科学技术发展水平有着密切的关系。

由于各国经济发展水平不同，职业分类标准不一，为便于国际比较，1958 年国际劳工组织制定了《国际标准职业分类》。1966 年，在日内瓦国际劳工统计专家会议上通过了《国际标准职业分类》修订版，国际劳工局将职业划分为 8 大类，在 8 大类之下又划分为 83 个小类、284 个细类以及 1 506 个职业项目，所列职业共计 1 881个。我国的职业分类与国际劳工组织的分类方法基本相似，1995 年，我国国家劳动和社会保障部、国家技术监督局、国家统计局联合发出了《关于制定国家职业分类大典》的通知，决定编制《中华人民共和国职业分类大典》，1999 年 5 月出版。它是中国第一部具有国家标准性质的职业分类大全，它第一次将中国的职业进行了全面、系统地划分，具有较高的权威性。在这部大典中，职业被划分为 8 大类、66 个中类、413 个小类、1 838 个细类（职业）。表 2-1 是国际劳工局制定的《国际标准职业分类》（ISCO）与我国的职业分类标准的对照表。

表 2-1 国际与国内职业分类标准对照表

类别	国际标准职业分类	中国国家职业分类
1	专家、技术人员和有关工作者	专业技术人员
2	政府官员和企业经理	国家机关、党群组织、企业、事业单位和负责人
3	事务性行政工作者	外事人员和有关人员
4	销售工作者	商业和服务人员
5	服务工作者	军人
6	农业、牧业和林业工作者，渔民和猎人	农、林、牧、水利业生产人员
7	生产和有关工作者、运输设备操纵者和劳动者	生产、运输设备操作人员及有关人员
8	不能按职业分类的工作者	不便分类的其他人员

从上表中可以看出，在我国的职业分类中，军人被单独作为一类职业，商业和服务业合并为一类职业，其他分类与国际标准职业分类基本相同。这种职业分类基本上包括了社会上的各行各业，从科学家、政府官员、公司经理到工人、农民、售票员、清洁工等无所不包，体现了大职业观念。然而，这一职业分类只分到职业项，而没有给出职业岗位。社会职业岗位是由社会劳动生产过程中的组织和社会经济、政治、文化、生活过程的组织决定的。这主要取决于社会经济发展水平，也与社会制度有关。

【小资料】

国家职业资格证书

国家职业资格证书是指按照国家制定的职业技能标准或任职资格条件，通过政府认定的考核鉴定机构，对劳动者的技能水平或职业资格进行客观、公正、科学、规范的评价和鉴定，对合格者授予相应的国家职业资格证书。职业资格反映了劳动者为适应职业劳动需要而运用特定的知识、技术和技能的能力。与学历文凭不同的是，职业资格与职业劳动的具体要求密切结合，更直接、更准确地反映了特定职业的实际工作标准和操作规范，以及劳动者从事这种职业所达到的实际能力水平。截至2003年年初，我国已经有100多个职业有了从业资质认证考试，人力资源和社会保障部也曾就一些职业专门印发了《实行就业准入的职业目录》及有关问题的通知，指出要切实发挥职业资格证书在劳动力市场中的作用。据统计，目前全国累计取得职业资格证书的人员已近3 000万。

与现行的职称制度相比，职业资格证书制度代表了将来的发展趋势。职业资格证书制度是一项国际通行的行业准入制度，各国之间开展的职业资格互认更使其成为国际职业的“通行证”。由于我国的职业认证制度刚刚起步，认证制度还很不完善，亟待改进。未来的职业资格认证考试将更加注重人的创新能力和通用能力，多元化、多层次、全方位将成为职业资格认证的方向。

（二）21世纪职业发展趋势预测

选择职业，就是选择未来职业的发展方向，也是在规划一条适合自己发展的人生道路。因此，在这一过程中，必须带着一定前瞻性的认识和高度去分析社会的最新需求，预测未来热门和有前途的职业，并结合自身条件，用冷静、客观的态度和科学的方法进行抉择。

然而，面对成千上万个让人眼花缭乱的职业，到底该怎样进行抉择才是适合自己今后发展的呢？一般来说，社会急需的专门人才就是今后职业的亮点。然而，首先要分清“热门”职业和“长线”职业。“热门”职业是指当前具有良好的就业前景的职业，“长线”职业是指一直都不会过时的职业。当然职业的“冷”与“热”也是相对的，是随着社会发展而不断变化的，“热”到顶峰或许就是“冷”的开始，而有些职业看似“冷门”，但其可能具有极大的发展空间。

1. 21世纪急需的人才

据我国权威部门预测表明，随着我国社会和经济的发展、科学技术的进步，今后若干年对专门人才的需求将有较大的变化。急需的人才和有前途的职业主要有以下几大类：

（1）高新技术人才

以电子技术、生物工程、航天技术、海洋利用、新能源、新材料为代表的高新技术的兴起，是一批高科技人才研究、开发的结果。任何一个国家，要在高科技领域占据主导地位，必须拥有相当规模的杰出科学家，并使科学家队伍平均年龄尽量接近“最佳年龄区”。据国外调查统计，重大科学发现的最佳年龄峰值为37岁，最佳年龄区为25～45岁，可见，高科技人才竞争的焦点是年轻的科学家。目前我国已实施“长江学者奖励计划”，其目的就是使中青年拔尖人才脱颖而出。

高等学校与高新技术相关的专业有电子科学与技术、软件工程、海洋科学、海洋技术、材料物理、材料化学、高分子材料与工程、热能与动力工程、核工程与核技术、飞行器设计与工程、飞行器动力工程、飞行器制造工程、飞行器环境与生命保障工程等。

（2）信息技术人才

信息积累与传播是人类文明进步的基础。在信息全球化的今天，我们已经强烈地感受到信息时代的魅力，信息已成为人类最大的资源和财富。信息服务业在中国已有20多年的发展历史，但从业人员数量并不多。近年来信息服务业的发展速度很快，20世纪末，全国信息服务企业有8万多家，从业人员有110多万人。到2010年，我国信息服务业所需人员将达到700万到900万人。预计到2020年，我国将建成全球最大的信息服务网。

高等学校与信息技术相关的专业有电子信息科学与技术、计算机科学与技术、微电子学、光信息科学与技术、电子信息工程、通信工程等。

（3）机电一体化专业人才

机电一体化是当今世界机械工程技术和产品发展的主要趋向，也是我国机械工业发展的必由之路。然而，我国现有的机械专业人员的知识结构与当今机械工业的发展极不相称。学机械专业的，对电子、自动控制技术懂得较少；学电子专业的，对机械专业知识掌握的也不多，不能将机械与电子进行有机的结合。在科学技术竞争激烈的21世纪，对我国机械行业40余万家企业而言，机电一体化专业人才就是保证其生存的关键。

高等学校与机电一体化相关的专业有机械设计制造及其自动化、材料成型及控制工程、过程装备与控制工程、自动化、电汽工程及其自动化等。

（4）农业科技人才

用世界上7%的耕地，养活了占世界22%的人口，这是我国农业的现状，人口在增加，耕地却在减少。中国人将来吃什么，已是国内外普遍关心的一个重大的问题。为此，农业科学家们提出了发展我国农业的新思路——依靠现代科学技术培养专业技术人才。因此，21世纪所需的农业科技人才，不是几十万，而是几百万。所需人才的专业门类，不仅包括传统的农、林、牧专业，而且包括大量的生物工程、海洋养殖耕作等现代化的新型专业。

与农业科技相关的专业和职业有农学、园艺、植物保护、茶学、草业科学、林学、森林资源保护、野生动物与自然保护区管理、动物科学、水产养殖学、海洋渔业科学与技术等。

（5）环境保护技术人才

20 世纪，生产技术的进步和经济的高度发展创造了人类有史以来最辉煌灿烂的经济和文明奇迹，但大自然也给了人类最无情的打击。当今世界，空前严峻的环境问题和生态问题，如，环境的不断恶化、各种稀有动物的灭绝、能源短缺等困扰着人类。因此，加强环境保护，实现人类的可持续发展，是当前各国面临的最主要的问题之一，它必将带动环保产业在 21 世纪的巨大发展。

目前，我国的环保人才严重不足，这与我国国民经济建设的发展步伐是不一致的。据有关部门的不完全统计，我国每年因污染造成的经济损失约 2 000 亿元，占国民生产总值的 10%，长江上游每增加一个亿的产值，下游就要损失 10 个亿。我国急需大量的环保科技人才。

与环保技术相关的专业有环境科学、环境工程、生态学、园林、水土保持和荒漠化防治、农业资源与环境等。

（6）生物工程研究与开发人才

21 世纪是生物学的世纪，遗传基因、克隆技术、生物芯片、基因药物、基因治疗，这些高科技的不断发展，使生物科学对社会和科学技术各个领域的影响日益加深，现代生物学已经成为当之无愧的当代“中心科学”。

与生物工程研究与开发相关的专业有生物科学、生物技术、生物信息学、生物信息技术、生物化学和分子生物学等。

（7）国际经贸人才

信息化的高速发展正逐渐渗透到社会生产、生活的各个方面，贸易也不例外。高度发展的信息化将使全球形成一个“地球商业村”，贸易方式将发生很大的改变，贸易智能化将取代传统的交易方式，这对国际贸易人才提出了更高的要求。随着我国经济实力的增长，国际贸易将是一个充满挑战和诱惑的职业。

与国际贸易相关的专业有经济学、国际经济和贸易、财政学、金融学等。

（8）律师人才

21 世纪是知识经济的时代，法律是社会和经济的“守护神”，法制健全和执法严明将是未来社会的重要特征。律师在未来社会中继续扮演着重要的角色。另外，我们应该改变认为律师就是给人打官司的传统看法，律师的工作领域是很宽的，除了打官司之外，还包括各种各样的法律咨询。近年来，律师行业在我国发展很快，可是无论在数量上还是在质量上，都无法满足我国发展市场经济和依法治国的需要。有资料表明，我国现有 5 000 万家企业，目前只有 4 万多家企业聘请了律师，律师人才的需求空间很大。

（9）保险业精算师

“精算师”称得上是保险业的精英，是集数学家、统计学家、经济学家和投资学家于一身的保险业高级人才，不仅要具备保险业的专门知识，而且要具有预测未来经济发展方向的能力。我国的保险法规定，经营保险公司必须聘用一名金融监管部门认可的精算师。而据中国保险学会介绍，目前在 13 亿中国人中却只有几十名严格意义上的精算师，这种状况显然无法适应我国保险业迅猛发展的需要。据预测，在未来几年内，我国精算师的市场需求量将在 4 000 名左右。

（10）物流专业管理人才

作为与能源、信息流并列的物流业，是继劳动力、物流资源之后的第三个利润的源泉。据有关人士预测，仅全球快递营业额，将从 1996 年的 350 亿美元发展到 2016 年的 2 850 亿美元。在物流这个领域中，我国和发达国家的差距，不仅仅是资金、技术上的差距，更重要的是知识观念和人才上的差距。比如，当前国内物流企业超过千万家，而真正利用现代物流管理方法整合企业管理流程的不超过万家。搞好物流，人才是关键。在上海 2004 年首次颁布的人才开发专业目录中，现代物流人才被列为急需引进的 13 类紧缺人才之一。

（11）教育人才

21 世纪的竞争是人才的竞争，这种竞争必然导致以培养人才为目标的教育事业的竞争。我国把“科教兴国”作为基本国策，搞好我国的教育工作是我国迅速增强综合国力和发展经济的重要途径，更是我国社会主义现代化建设的重要战略目标。随着社会竞争的日益激烈，信息更替的进一步加强，人们将越来越重视教育的作用。21 世纪的教育将发展为终身教育和全社会的教育，而科技与经济的发展也必将促进教育向更加专业化和智能化方向发展。在未来，随着对教师需求数量的不断增长，对教师的质量也提出了更高的要求。

（12）医疗保健人才

随着经济的不断发展，人民生活水平的不断提高，医学将不只是维护人们的健康，而是越来越关注如何进一步改善人们的体质、提高人们的智能。本世纪，人类医学已逐步进入保健医学的时代，医学所涉及的领域将越来越宽，营养学、生态学、心理学、生物学和优生学等都会得到进一步的发展，医疗保健人才将越来越走俏。

2. 21 世纪发展前景看好的专门人才

（1）心理学专门人才

心理学是研究人的心理和行为规律的学科。在美国，每 1 500 人之中就有 1 名心理学家，而在我国，每百万人口中，只有不到两个心理学专家。心理学有着深远的发展空间，有着广阔的职业前景。像心理医生、心理咨询师、心理教师或儿童心理顾问、企业人力资源专家、市场调查和分析专家都将成为未来的热门职业。

（2）对外汉语专门人才

据教育部一项最新统计资料显示，汉语教学在世界各地呈现出蓬勃发展的趋势，世界各国中学习汉语的总人数已超过 2 000 万人。汉语教学正越来越多地走进国外的大、中、小学课堂。目前，美国、新西兰、日本、泰国、韩国、加拿大、澳大利亚等国已将汉语列入大学升学科目。由于学习汉语的人数日益增多，许多国家都面临着汉语教师严重不足的情况。对外汉语人才具有较深的汉语言文化功底，又熟练掌握英语，日后能在国内外从事对外汉语教学，或从事对外文化交流工作。该专业在中外教育交流的过程中将起到十分重要的作用。

（3）地理科学专门人才

从不规律的地质、地貌中找出科学规律进行研究，这是一门从各种角度对地质、地表形态等地理特征进行深入研究，同时也研究地域与人们生活关联的学问。钱学森院士把地理科学列为世界现代十个科学技术大部门之一。

在西部大开发的今天，地理学更加显示出它的重要性，如，黄河的整治是关系全国现代化建设的大事；青藏铁路的修建成功与对沿途的详细地形、地质资料的了解和比较密不可分；西气东输，途经十多个省份，每个省修建输气管道如何做到在技术上更简便、在经济上更节约；还有西电东送、生态环境保护、矿产资源开发等，都离不开地理学的参与。

（4）大气科学专门人才

人类早就意识到，天上发生的一切与我们的生活密切相关。通过增进对大气现象的认识以及发展和提高气象预测、天气预报、环境与气候变化预测、人工影响天气等来为社会、为人类服务已成为大气科学发展的目标。

（5）小语种专门人才

小语种是相对英语而言，只有在少数国家应用的外语语种，包括俄语、德语、法语、日语、西班牙语、阿拉伯语、波斯语、韩语、意大利语、希腊语等。正是由于应用面窄，小语种的专业外语人才一直也是小范围地由少数几个学校进行培养，即名副其实的“小”。我国进入 WTO 以后，随着同世界贸易往来的不断加强，小语种的外语人才将越来越受到社会的青睐。

五、职业对个体生活的重要意义

职业对于从业者的个体生活来说，具有重要的作用。首先，职业是人们现代化生活中谋生的一种手段。人们通过职业为社会奉献劳动，社会按照一定的标准付给劳动者报酬，这些报酬成为劳动者及其家庭成员生存和发展的主要经济来源。职业劳动因为岗位、劳动复杂程度以及劳动科技含量的不同，所获得的报酬也不同。不同的劳动报酬成为劳动者及其家庭生活的主要经济来源。劳动者一旦失业，其自身以及家庭生活就会失去主要的经济来源。劳动者通过职业，不仅求得生存，还要谋求发展。

其次，职业能促进从业者的个性发展。职业活动对人的个性发展起着十分重要的作用。职业活动是按照一定的社会规范和内在规律运行的，每种职业都有其独特的活动，对从业者在生理和心理方面都有特定的要求。人们通过参加职业活动，逐步形成、不断发展与完善自己的个性，随着从业时间的增加，个人的智力、体力、知识与技能水平得到了充分的发挥和提高，从而满足了自我实现的需要。

最后，职业是劳动者创造人生价值的舞台，是实现生活理想的桥梁，职业生活使理想插上翅膀，使人的聪明才智得到充分发展。通过职业，人们获得一定的社会角色，为社会做出贡献，得到社会的承认。在职业这块土壤上，人们挥洒汗水，播下智慧的种子，收获成功的果实。你必须付出艰辛、勤劳，有时甚至经受挫折，作出一定的牺牲，才能有收获。

总之，你为社会作的贡献越大，社会给你的回报也就越高。只有在职业的舞台上，才能使就业者的潜能得到充分的发挥，最大限度地实现自己的人生价值。

第二节　大学生职业生涯规划及其意义

一、职业生涯的含义

一般认为，生涯指人的一生。在英文里，“生涯”一词根源自罗马语 via carraia

及拉丁语 carrus，两者的含义均指古代的战车。在希腊语中，career 意为“疾驰、狂奔”，最早常用作动词，后来又引申为道路，即人生的发展道路，或指个人一生的发展过程，也指个人一生中所扮演的角色与职位。

在一个人从出生到死亡的整个人生历程中存在着不同的生命周期空间，有生物社会生命周期、生物生命周期、家庭生命周期和职业生涯周期。在人的总生命空间中，最重要的、有决定作用的是职业生涯周期，它是人生存在和发展的前提条件。而且，职业生涯周期从任职前的职业教育培训到寻求职业、就业从业、职业转换、逐步晋升，直至完全脱离职业工作，占据了人生的大部分时间，因此，对个人及家庭都有着十分重要的意义。

关于职业生涯，目前还没有统一的认识，不同国家的学者从不同的角度对职业生涯的内涵进行了界定。法国权威词典将职业生涯界定为“表现为连续性的分阶段、分等级的职业经历”。美国学者罗威尔和斯莱德将职业生涯界定为人的一生中与工作相关的活动、行为、态度、价值观和愿望的有机整体。综合各家之说，可以认为：职业生涯是对生涯的狭义理解，专指个体职业发展的历程，一般是指一个人终生经历的所有职位的整个历程。一个人一生中连续从事的职业，它不仅包括过去、现在和未来那些可以实际观察到的职业发展过程，而且包括个人对职业生涯发展的见解和期望。具体地说，就是以个体心理开发、生理开发、智力开发、技能开发、伦理开发等人的潜能开发为基础，以工作内容的确定性和变化、工作业绩的评价、工资待遇、职称职务的变动为标志，以满足需求为目标的工作经历和内心体验的经历。

还有的学者将职业生涯分为狭义的职业生涯和广义的职业生涯。从个体生命空间的意义上考察，前者是一个人从职业学习伊始至职业劳动最后结束这一整个职业劳动的工作经历，即将职业生涯限定于直接从事职业工作的这段生命时光。广义的职业生涯是从职业能力的获得、职业兴趣的培养、选择职业、就职直至最后完全退出职业劳动这一完整的职业发展过程进行考察的。

尽管不同的学者对职业生涯的内涵有着不同的认识，但作为一种客观存在，职业生涯有其基本含义，并主要包括以下内容：

（1）职业生涯是个体的概念，是指个体的行为经历，而非群体或组织的行为经历。

（2）职业生涯是个体职业的概念，实质是指一个人一生之中的职业经历或历程。

（3）职业生涯是个体时间的概念，职业生涯起始于最初工作之前的专门职业学习和训练，终止于完全结束或退出职业工作；实际的职业生涯在不同个体之间差别很大，有长有短。

(4) 职业生涯是发展和动态的概念，寓意着个体职业内容以及职位的发展和变化；职业生涯不仅表示职业工作时间的长短，而且内含着职业变更与发展的经历和过程，包括从事何种职业、职业发展的阶段、职业的转换与晋升等具体内容。

二、职业生涯的类型

1. 传统型职业生涯

在一个人的职业生涯中，他的职业可能是持续稳定的，我们通常把它叫做传统型职业生涯。例如，一个医生的职业生涯之初是住院医师，随着其专业知识的增长和工作经验的丰富，其职位可能会逐步晋升为副主任医师、主任医师。

2. 易变型职业生涯

一个人的职业生涯可能随其兴趣、能力、价值观及工作环境的变化而发生变化，我们把这种职业生涯叫做易变型职业生涯，如，一个人职业之初是一名医生，后来从事管理工作等。一个人一旦通过选择或选拔进入职业组织或特定的岗位，他的职业生涯也就开始了。一个人一生可能在一个固定的岗位只从事一个职业，也可能经历若干个岗位、若干个职业甚至若干个不同的行业。如果一个人的个人因素、所在组织因素与社会环境因素相匹配，那么，他很容易在职业生涯中取得成功；反之，他的职业生涯中很难有大的作为。

职业生涯中的成功是一个漫长的过程，在这个过程中，个人、职业组织、社会环境都在变化，个人进入职业组织之初的“匹配程度或职业适合性”需要随着时间的推移不断与职业组织的成长相适应，需要不断地磨合。

三、什么是职业生涯规划

职业生涯规划是指通过个人和组织相结合，对个人职业生涯的主客观条件进行测定、分析、研究和总结，尤其是在对自己的兴趣、爱好、个性、能力、价值观、特长、经历以及存在的不足等各方面进行综合分析的基础上，确定最佳的职业奋斗目标，并为实现这一目标做出行之有效的安排。例如，做出个人职业的近期和远景规划、职业定位、阶段目标、路径设计、评估与行动方案等一系列计划与行动。

职业生涯规划不同于职业生涯设计，前者是针对个人层面，后者是针对专家层面而言。个人进行职业生涯规划的目的是尽快实现自己的社会价值与个人价值，最大速度和最大限度地实现职业发展与成功。当个人进行职业生涯规划有困难时，可以请职业规划师或职业咨询师进行科学的职业生涯设计。

职业生涯规划也不同于职业生涯开发与职业生涯管理。开发指组织层面，而管理指综合层面，组织对员工的职业生涯进行开发与管理的目的是提高生产力，提高组织的经济与社会效益。职业生涯管理是人力资源管理的重要方面，是一个正在发展中的专业方向。

四、大学阶段做好职业生涯规划的意义

大学生涯是整个人生的重要阶段，3～7 年不等的大学生活往往为个人日后发展奠定坚实的基础。在大学选择某一专业进行学习，是为今后做职业准备，因而大学生涯可称为职业准备阶段，是职业准备期。这是个人职业生涯的起步阶段，是决定能否赢在起点的重要阶段。我们从幼儿园、小学到初中、高中再到大学进行深造，在大学里要学习如何做人，如何做事，要学会学习、学会与人交往，通过提升自己的整体素质，为毕业选择一份职业做准备。准备得越充分就越能快捷地找到自己理想的职业，顺利进入职业角色。

职业生涯活动伴随了我们大半生，甚至更长远，拥有成功的职业生涯才可能实现完美人生。因此，职业生涯规划，只要开始，永远不晚；职业生涯规划对于大学生实现自己的人生价值，对于一生的幸福具有特别重要的意义。具体可以表现在以下几个方面：

1. 激发大学生自我实现的需要，培养积极上进的人生观

“自我实现”来源于美国心理学家马斯洛的人本主义心理学，其真正含义是当人们获得了生理、安全和情感需要的满足以后，就要追求自我实现的满足，即在与环境积极协调和适应的前提下，个人潜能得以充分发挥，为做到这一点，个人必须超越自我。用马斯洛的话说就是“自我实现的人无一例外都献身于他们自身以外的事业，某种他们自己以外的东西”。

在我国，自我实现有时可以被理解为“事业有成”、“功成名就”，而事业有成必须以正确的职业选择与发展为前提。因此，大学生应该以科学的方法来正确地、全面地认识自我，了解社会对人才的需要，找出自己在知识、能力等方面与社会需要的差距，确定自己的发展方向与目标。为了成就自我实现的人生目标，大学生职业必须对大学生涯进行科学合理的规划，并通过规划采取实际的具体行动。

2. 引导大学生树立职业生涯规划意识，提高职业生涯规划能力

做好大学生职业生涯规划，通过引导大学生对自己的专业特长、兴趣爱好、性

格特征、待人接物的能力、擅长的技能做充分的全面的分析，可以帮助他们对自己进行正确评估，迅速准确地为自己定位，明白自己更适合什么样的工作，自己将来有可能在哪些方面获得成功，逐渐理清职业生涯发展方向，形成较明确的职业意向，并提升自己的职业生涯自主意识和责任，为今后的事业发展做全面、长远的打算。

3. 促进大学生树立明确的职业目标和职业理想

职业生涯规划有助于大学生通过对自己的综合优势与劣势进行对比分析，通过对外部职业世界的了解和分析，树立明确的职业发展目标与职业理想；通过评估个人目标与现实状况之间的距离，学会运用科学的方法，采取切实可行的步骤和措施，不断增强自己的职业竞争力，实现自己的职业目标与理想。

4. 增强大学生在就业中的核心竞争力

好工作不是依靠运气得来的，对大学毕业生而言，它是多种因素共同作用的结果。影响大学生求职的因素包括学校培养质量、专业与社会需求和来自学生的变量，如，个人综合素质、就业观念、就业技巧、性别、生源地与家庭背景，以及学校职业指导工作是否到位等。其中，属于大学生本人能够控制的主要是个人素质、就业能力与技巧。

对于当代大学生而言，职业生涯规划就像一座灯塔，指引着自己在追求人生目标的道路上前进。它在总结了无数前辈智慧结晶的基础上，告诉你做人处事的基本道理，向你指明怎样做才事半功倍；它也在反思了身边许多事例的基础上，告诉你在实现目标的过程中要注意些什么，使你少走弯路，找到其中的捷径；此外，当你在前进道路上遇到困难、支持不住而想放弃之时，生涯规划会使你产生源源不断的动力，让你坚定地走下去，直到成功的终点。

总之，职业生涯规划的目的是要突破障碍、激发潜能、实现自我，它向你提供一些有效的方法和工具，使你有能力在不同发展阶段都能对自己的过去、现在和未来有一个重新审视和评估的机会。即使在无法预期、充满不确定感的人生中，你也能学习到如何根据这些可能发生的变化，不断调整自己、修正可执行的计划，为自己的每一个人生阶段创造最大的满足感和成就感。

【小资料】

大学生职业生涯规划调查报告

当前我国大学生的职业规划现状如何？对就业中心提供的职业发展服务是否满意？为此，北森测评网、新浪网与《中国大学生就业》杂志于 2006 年 6 月 28～7 月

7 日共同实施了一次大型调查，采用在线填答形式，共收集有效问卷 2 627 份。参与调查的人群包括在校非应届大学生、硕士生、博士生、应届毕业生及毕业超过一年的人等典型人群。

调查显示，大学生对于个人职业生涯规划满意度整体水平不高。各项调查指标的满意度最高没有超过 3.6 分（5 分表示非常满意），其中对“职业生涯规划现状”和“求职方法和技巧”的满意度最低，对“清楚了解自己个性”的满意度最高。有 40%的大学生在调查中表示，不愿意从事与自己专业相一致的工作，这充分反映了目前高考选择志愿的盲目性。

从职业发展的角度来看，放弃自己的专业需要承担非常大的机会成本，同时也会带来心理、家庭等诸多的问题，而这些问题的融合需要专业职业发展人员系统地服务。

大学生在求职过程中，学校就业中心是他们获得外界工作信息及职业规划指导的一个主要途径。但是，对就业中心的各项情况和服务，表示出“满意或比较满意”的调查者不到总数的 15%，而选择“一般”的调查者占总调查人数的 30%，另有 30%的学生根本不了解就业中心的情况和服务。调查发现，当大学生面临职业选择或职业困惑时，他们最主要的解决途径是自己思考解决，占到了 44%；其次是与父母和同学商量，分别为 12%和 15%；听老师意见的占 7%；选择由专业机构对自己进行指导的学生仅占一成。虽然现实生活中大学生较少接受系统的职业生涯规划服务，但面对未来的发展，超过 80%的人还是认为职业生涯规划在其心目中的地位重要或非常重要。70%以上的人表示需要或者非常需要职业生涯规划的指导。

第三节　学业、专业与职业规划的相互关系

大学生学业状况及专业特点对其未来职业的发展有着十分重要的影响。因此，必须了解相互之间的关系，才能制定出适合自己学业水平，符合专业要求的职业生涯规划。

一、学业、专业与职业的关系

（一）学业与职业的关系

进入大学，我们的生活方式有了多种选择，有许多事情可以让我们投入精力去

做。但是作为学生，学习仍然是我们最基本的任务。毕竟，大学是学习的场所，在我们从学生向社会人转变之前，打下扎实的知识基础是十分必要的。正是出于这个原因，学校中许多政策的制定都以此为出发点。

目前，大学里普遍采取的是学分制管理模式，学生要能够顺利毕业，必须按规定修完课程，拿到所需的学分。同时，学习成绩与奖学金的评定也有很大的关系，通常学习成绩占奖学金评定的很大一部分，有时甚至纯粹按照学习成绩排名评奖学金。此外，一些机会的获得，如，出国交流、参加竞赛等，都是以学习成绩为重要标准进行选拔的。

许多学生在大学毕业时会选择就业，走向社会。那么，我们就必须了解课程学习对于就业的重要性。许多单位在招聘的时候，仍十分注重学生在学校中的学习情况。学习成绩常常作为“一道坎”，成为单位筛选人才的一个标准。虽然我们在学校里所学到的知识和工作中所用到的知识差异较大，在投入工作之前，单位都会对员工进行培训。但是，招聘方仍然很看重学生的学习成绩。他们认为，学生阶段还是要以学习为主，学习成绩反映了学生的学习态度和学习能力。因此，在招聘的第一关筛选简历的时候，同等条件之下，学习成绩优秀往往是胜出的关键因素。

学业状况在大学阶段有着十分重要的地位，大学阶段掌握的文化知识是毕业后选择工作所必须具备的基础。如果你准备以后找工作，那么最起码要达到组织招聘的底线，使自己的成绩不低于“良”，在此基础上再去发展自己的兴趣、参加各种活动等；如果你准备继续深造，那么更要重视课程学习，为以后做好铺垫。总之，作为一名学生，学好课程，完成最基本的任务，是每位学生的责任。因为在知识经济时代，知识可以改变命运，升华人生。

（二）专业与职业的关系

从小学开始，一个学生面临的真正意义上的选择就是选择就读的大学和专业，其中专业对人的影响有时比大学对人的影响还要大。一方面，一个好的对口的专业能极大地调动一个人的学习兴趣，同时专业在极大程度上影响着择业的决策过程，在一定程度上也影响着一个人的职业生涯；另一方面，择业过程的变迁和社会职业的发展又从一定程度上反馈于大学生专业的选择和高校专业的设置。

高校专业设置是人才培养规格的重要标志。目前，各高校实行的是1998年颁布的《普通高等学校本科专业目录》分设哲学、经济学、法学、教育学、文学、历史学、理学、工学、农学、医学、管理学11个门类，下设71个二级类，249种专业。专业的设置既要使培养的人才具有较宽广的适应性，又要适宜于合格的专业人才的培养。具体来说，专业的设置应该把握好以下几点：

1. 专业的设置是人才培养规格的标志

一个大学生，只有完成专业教学计划规定的学习任务，才是一个符合该专业培养规格的合格毕业生。从较粗放的选人、用人标准来理解，用人单位按专业来选用一定规格的人才是有一定道理的。一个大学毕业生不可避免地要被贴上专业标签，这种标签是进入某些职业的有效通行证。因此，在大学期间，一个大学生必须首先达到主修专业合格毕业生的基本要求，在此基础上，才能进一步辅修其他专业，拓展专业技能。

2. 专业设置主要是以学科为主进行划分的

学科有其自身的科学体系和内涵，与职业并无直接联系。因此，专业的学习主要使毕业生掌握系统的有关本学科方面的科学知识和专业技能，并不特别注重与特定职业有关的知识和技能的学习、掌握。高等学校中的各专业均致力于培养具有较宽广的适应性的毕业生，都希望本专业的毕业生能够适应社会发展的需要，适应多种职业的需要。因此，一个大学生仅按专业教学计划完成了专业学习，成为一个合格的毕业生，还不能算是一个胜任所选定的职业要求的人，必须通过自己的主观努力去适应自己所选职业对人才的要求。

3. 专业从根本上受到社会需求发展变化的制约

有些专业从无到有，蓬勃发展，有些专业则日渐衰落。在市场经济时代，专业的兴衰必然与市场需求息息相关。国家可以通过宏观调控，增加一些专业的招生数量，限制某些专业的招生规模，但最终的检验还是市场要求，是由毕业生的就业及职业发展前景所决定的。

大学生能否尽早地认识职业，明确个人的职业发展方向，并有目的地选择以及学好专业，是决定能否顺利就业、实现入职的关键。高等院校能否适应社会发展需要，为学生提供较为宽广的专业选择范围和灵活的学习机制，是学生顺利就业的关键，也是决定高校长期可持续健康发展的关键。由于社会分工的不同，人们也就从事着不同的工作，在国民经济不同的产业、行业中，有成千上万种不同的职业。专业是学业门类，它是从学科与技术的角度进行划分的。尽管专业与职业有很大的不同，但两者之间是密切相连的。学什么专业，大体上可以知道将来要从事的职业领域。如，学工科的可以在不同的产业或行业中当技工、技术员、技师等；学服务的可以当服务员、营业员、售票员等；医疗卫生专业的，可以当医生、护士、药剂师等。一个具体的专业，它与职业对应的是：它可以是社会上一个具体的职业，更多的情况是，一个专业可以对应一个职业群甚至是几个相关的职业群。如，机电专业，可以在制造业和建筑业等行业里当钳工、电工和机修工，也可以自己开维修店；医学高等院校的医疗卫生专业，可以在医院、防疫、检验、预防保健等有关行业当临床医生、化验医生、麻醉医生、保健医生、护士等，也可以开个体诊所，当个体医生。职业群一般由基本操作技能相通、工作内容、社会作用以及从业者所应该具备的素质接近的若干个职业所构成。职业群横向划分，是相同的职业存在于不同的产业或者行业之中。如，计算机专业所对应的职业群广泛分布于国民经济的各个产业和行业之中。纵向划分，是同一职业存在于同一行业若干个不同的岗位及其可能晋升的职务上。如，保安专业所对应的职业群：押运业务保安、巡逻业务保安、场所业务保安、守护业务保安、消防业务保安等。

作为一个医学院校的大学生，所学的专业所对应的职业群有如下诸项。临床医学专业所对应的职业群：临床医生、保健诊所、卫生科普宣传等。护理专业所对应的职业群：临床护理、家庭护理、康复保健、预防检验、卫生防疫、卫生科普宣传等。药剂专业所对应的职业群：门诊药房、病区药房、生产制药、药品检验、药品营销、药品科普宣传等。影像、影技专业所对应的职业群：医学影像诊断、医疗器件维修、卫生影像科普宣传、电器维修等。康复专业所对应的职业群：临床康复治疗、康复保健、个体诊所、康复美容、康复保健指导、康复科普宣传等。

因此，了解专业必须了解专业的社会需求情况。认为上大学就能够保证有一个好职业的时代已经随着高等教育精英教育时代的结束而结束了。上大学是为了提高素质，更是为了个人职业发展。而学习相关专业技能，是为了就业。上大学不对专业进行认真选择至少是对个人不负责任的表现。

一般而言，大学生在择业时主要考虑自己的专业或双学位专业，再考虑以自己的兴趣爱好、特长等来选择就业单位。反过来，用人单位在招聘新职员时一般首先考虑的是应聘者的就业素质和所学专业、特长及相关经历。

二、综合素质与择业的关系

毕业生应该具有什么样的素质才能被用人单位录用，是每个毕业生就业时所必须思考也必须解决的现实问题。据有关资料分析，近年来一些用人单位大致从以下四个方面去考察和录用毕业生：

（一）思想道德素质

从思想道德素质上看，相当多的学生害怕吃苦受累，存在“娇”、“骄”二气，缺乏敬业精神和团队精神，文明道德修养不高，甚至对作弊、毁坏公共财物、破坏公共秩序等不良现象熟视无睹，这些都是思想道德素质不高的反映。

思想道德素质是大学生非职业素质的核心，它包括公民观念、国家观念、法律观念等素质内容。一般提法有："三观"即人生观、价值观和政治观；"三义"即集体主义、爱国主义和社会主义；"三德"即社会公德、伦理道德和职业道德。

职业道德是指个体从事某项职业所应具备的基本道德素质，是一种社会意识，它直接作用于社会行为，具有其他道德不具有的社会现实性和具体性。在国外，会计师、律师、法官之所以受人尊敬，就是因为他们公正、公平的职业道德。有一位名人曾说过："一个职业不仅仅因为它为社会作贡献而存在，更因为它存在的职业道德而备受尊重。"热爱所从事的职业，具备职业的道德水平，这是大学生进入社会后要学习的第一课。体现在大学生就业过程当中，就是择业道德，即在择业时应该具备的道德水平，比如应聘资料的真实有效、就业过程当中的义务履行、避免多头应聘同时签约几家单位的问题，等等。虽然至今没有出台大学生就业法，对其中的有些法律或者道德问题难以区分，但诚实不欺、公平公正、互相信任、共同合作是大家所应该遵循的共同原则，也就是必须具备一定的择业道德，这样才能体现出当代大学毕业生的风采。

（二）科学文化素质

目前，科学的高度发展呈现出高度分化又高度综合的态势。一方面，新兴学科不断涌现；另一方面，学科间又互相交叉渗透。自然科学和社会科学综合化趋势越来越明显，社会问题、经济问题都有其综合性和复杂性，人类也越来越趋向于从总体上认识和把握客观世界。作为社会中高素质群体之一的大学生，应该具备较高的科学文化素质，主要体现在以下几方面：一是具备能适应自身成材目标需要的基础宽泛、有弹性、便于同各种新知识相连接的知识结构，包括宽厚的综合基础知识、精深而系统的专业理论知识、以某个专业的最新研究动态为主的知识等；二是具有强烈的科学意识、科学观念，具备科学的思维方法和工作方式，同时具有科学的精神和态度；三是运用自己掌握的科学知识解决实际问题的能力。

（三）生理素质

现代社会繁忙的生活、紧张的节奏要求投身进去的每一个人都必须具备健康的体魄。对于初入社会的大学生来讲，要干出一番成绩必将要求你承担更多的压力、投入更多的精力，如果没有好的生理素质，是难以支持的。好的生理素质一方面是先天遗传的，另一方面也是后天培养和锻炼出来的。形成良好的生活规律，杜绝不良的生活习惯，合理安排工作与休息，是每个大学生的基本功。例如，以某些高校的统计情况来看，每年都有不少毕业生在派进后不久因生病被单位退回学校或者原有的疾病复发。这些同学择业是成功的，但就业是失败的，令人十分遗憾。

（四）心理素质

人力资源专家在谈到开发大学生自身的人力资源时提到两个重要的方面：一是生理素质；二是心理素质，这两者是紧密联系的。良好的心理素质体现在：一是主动转换角色，适应社会需要；二是能客观评价自己，有良好的就业心态；三是能正确认识社会，寻找自己的最佳位置。

在部分高校中，因为心理素质偏低而导致心理承受能力低、诱发精神病，甚至导致自杀、谋杀他人等暴力倾向的大学生每年都有一定比例，究其原因，主要是缺乏一个良好、健全的心理素质，因此，良好的心理素质、健全的人格也是择业成功的重要方面。

精英教育时代的大学生是社会紧缺人才资源，有广阔的就业空间，不需要做太多努力，就可以找到自己比较喜欢的职业。但在高等教育成为大众教育的时代，大学生不再是一种社会紧缺人力资源，只是一种优秀的人才资源，职业对大学生的要求越来越精细，也就是说，职业对大学生越来越挑剔。在精英教育时代，按教学计划学好专业是首要的；在大众教育时代，按教学计划学好专业与提高职业适应性至少是并重的，从某种意义上讲，提高职业适应性或许更为重要。上大学，一定要进行专业学习，但是专业学习是建立在个人对职业发展有一个初步认识的基础之上的。个人应该根据职业发展需要，选择主修专业和辅修专业，选择要参加的培训和要取得的证书，合理安排学习计划，积累适应个人职业发展需要的专业技能。

第四节　影响职业生涯的因素

当我们开始着手职业生涯规划时，会发现有很多因素左右着我们的选择，我们称这些因素为影响因素。有些因素可以随着我们的规划而进行改变，因此，也是我们规划的内容；而有些则难于更改，对我们的职业规划，尤其是规划的初期起着决定方向的作用。那么，就让我们来看看这些决定方向的因素都有哪些。

一、自身因素

能够影响到职业规划的自身因素有很多，通常有个人的兴趣、爱好与特长，个人的信念与价值观，个人所选定的目标与需求，个人的情商，个人的工作经验，个人的优缺点，个人的学历与能力，个人的生理情况等。这些自身因素中，有一些是养成后难于更改的，甚至是先天决定的。其中有以下三项又对职业规划起着决定性的作用。

（一）个人的智力因素

研究表明，同一类型的职业，智力水平对工作水平有一定的影响。通常智力水平高的人工作能力更强，强弱差异的大小因职业种类而异。不同的职业对智力水平的要求也各不相同。因此，在进行职业规划时，自身智力水平较高的可以优先考虑以脑力为主的职业，智力水平一般的则优先考虑智力影响较小的职业。

（二）个人的情感因素

情感因素是指个人的感情、思绪、认知事物的态度以及对这些因素的认知和控制力。它主要体现在两个方面，即性格和情商。

性格一向被界定为个体思想、情绪、行为与态度的总称，是一个人在实际生活中通过各种行为方式所表现出来的相对稳定的习惯性的个性心理特征。性格研究是心理学研究的一部分，普遍认为性格的塑造是先天因素和后天因素共同作用产生的，环境对性格塑造有着重要的影响。成年后，一个人的性格很难再发生大的改变。作为一个相对稳定的因素，个体的性格对职业的发展也起着重要的作用，而且能够弥补智力上的相对不足。比如性格外向的人更加乐于进行交流和沟通，也较为容易获取更多的资源和认同。性格内向的人更加乐于进行自身反省和认知，能够在研究和开发潜能上产生更强的耐力和韧性。

情商不同于性格，它出现在后天，可以通过培养来提高，并且在一定程度上弥补性格上的不足。因为情商偏高的人能够更客观地认识自身性格上的优势与不足，并善加控制，提高心理素质，从而达到客观认识自我、巧妙展现自我、冷静评价自我、合理调控自我，并通过情感的把握而展现出更加善于与人沟通的优势。与智商高的人士对比，可以看出情商的优势体现在如何将智商的优势更好地表现出来，我们甚至可以这样说，一个智商高的人未必成功，但一个成功的人必定情商高。

在考虑职业规划时要注意选择的职业是否与自己的性格相符。与自己性格相符的职业能够使你更容易获得职业成功；而如果选择的职业与自己的性格相左，即便通过努力取得了很多成绩，也很难产生成功的感觉，甚至会出现心灵上的扭曲。判断自己的性格是否与职业相符，则来源于自身的情商。情商能够更好地认识自身性格，明确职场定位，扬长避短。情商高的人在职业发展受到挫折的时候，更容易调整心境，昂首向前，职业发展一帆风顺的时候，也可以认清方向，不为外物所惑。

（三）个人的身体因素

身体因素指的是一个人的身体状况是否适应规划的职业。这里面有两层含义：

一是指健康，引申一下，即所谓一个人的健康智慧及其对健康的态度，也就是我们所说的健商。健商的高低更多地体现在我们的身体是否能够适应职业强度的要求，这一标准虽然是一个偏向于心理的因素，但是更多地反映在生理上。有些人自身的健商值相对较低，当职业生涯发展到黄金时段，因为没有合理地进行保健，身体便过早地衰老，结果中途就败下阵来。当然，健商随着知识的丰富以及认识态度的不同会发生变化。如果认识到身体因素的重要性，也可以在一定程度上解决自己的健康问题。

二是指自己的身体条件，如身高、体重、相貌、年龄、性别，甚至一些体检指标等。这些几乎不会随着自己的客观努力而发生根本性变化，而在考虑职业生涯的时候，又起着决定性作用。例如，长跑运动员多半需要有“羚羊”一般的腿形，航空服务人员对相貌有较高的要求，色弱的人员很难从事医疗诊断工作，乙肝病毒携带者不被允许参加医药及食品卫生工作等。有些因素虽然看似普通，但是对于特殊职业来说，确实能够产生是与否的决定作用，因此，在职业生涯规划前要认真考虑。

二、职业因素

职业因素主要体现在职业岗位对个人的具体要求上。因为每种职业随着时代的变化，要求也存在着相应的变化，但是在每一个时代，标准还是基本稳定的。能够影响生涯规划的职业因素主要有以下几类。

（一）职业认知

我们所说的知识大致可分为普通知识和职业知识。职业知识有广义和狭义之分，这里要讨论的是狭义的职业知识，也就是这个职业所要求必备的基础知识。它通常在这个岗位的产生之初就存在，职业的每一次质的发展也都是从职业知识的扩展开始的。可以说，职业知识是职业对个人的内在要求。当你不具备相应的知识，便根本无法从事相关职业，这在医学领域里表现得尤为明显。通常在进行职业规划时我们会认为，职业知识在学校、书本中就能学到，可以通过自己的意愿来进行选择性掌握，但实际情况并非如此。教育知识演变和课程知识发展的历史，可以明晰地告诉我们，并不是所有的知识都能够成为课程知识，有很多知识是无法在课堂中获得的，甚至有些知识无法用语言直接传授。因此，就业时更多的知识要求是体现在课本以外的，在职业培养上也会出现现代的规范化教育与古代的学徒制结合，形成人才培养的新学徒制模式，这在中医知识学习中更为普遍。所以，在考虑职业生涯规划时，不仅要想到学校学到的知识，还要想到在岗位中才能掌握的知识。因此，可以先就业后择业。

（二）职业技能

职业技能与职业知识比较相近，但更多地体现在能力的要求上。能力的培养有别于知识，多是在实践或者模拟实践中形成，在没有合适机会的情况下很难获得。掌握职业技能是国家实行就业准入制度的要求。国家明确规定："用人单位招用从事技术复杂以及涉及国家财产、人民生命财产安全和消费利益的劳动者，必须从取得相应学历或职业资格证书的人员中录用。劳动和社会保障部已在28个行业90个工种（职业）实行就业准入制度。实践证明，有职业技能的劳动者供不应求。

我们经常会看到这样的场面：许多手持本科甚至研究生文凭的大学生们，因为技能所限，或者是没有实际操作经验，在找工作时屡屡败北；可是，一个没有接受过正规大学教育，却经过工作实践，有了一定工作经验的人，在找工作时却一路绿灯。这是因为在实际工作中，技能的要求更多地体现在掌握技能的熟练程度上，而不单纯根据你是否掌握技能这么简单。很多时候不能胜任岗位需要并不是因为没有获得技能，而是不善于使用技能，致使工作效率低下。

提高技能的熟练度与个人的先天因素、后天因素都有关系，但是鉴于职业生涯规划的出发点，还是应该首先考虑先天因素对掌握职业技能的影响，并且要与自己的职业知识相适应。医生就是一种理论与实践结合得很默契的职业，它不仅对职业知识有较高要求，对职业技能也非常重视，因此在选择前就要更多地考虑自己能否达到职业要求。

（三）职业兴趣

著名的美国哈佛大学MBA专业毕业生进行职业生涯设计和择业的第一步就是进行自我评价。在自我评价的过程中，他们首先考虑的往往不是个人的能力，而是自己的兴趣。相当一部分人的做法是，把自己有兴趣的职业与那些在不同职业上取得成功的人进行对比，如果兴趣相近，则说明也许可以选择与成功者相同的职业。在我国，据有关资料显示，大部分求职者也都把符合个人兴趣的职业作为择业的最重要的因素之一。

职业兴趣是一个人认识、接触和掌握某种职业或专业的心理倾向。职业兴趣是兴趣中的一种，不同职业兴趣的人对不同职业产生的心理倾向具有较大的差异性。一个人如果对某一职业有兴趣，他就会产生从事该项职业的动力，他的才能就能得到很好的发挥，而且能长期保持较高的工作效率。反之，一个人若对所从事的职业无兴趣，其才能的发挥往往只能达到潜能的20%～30%。而对于同一个职业，有的人热烈地向往，积极地追求，而有的人却无动于衷，甚至不屑一顾。由此可见，兴趣是一个人才能的动力和基础。一个人的职业兴趣对于他选择什么样的专业或职业起着至关重要的作用。而爱好什么职业、选择什么职业对职业生涯的设计也是一个重要的因素。

在对职业及职业兴趣进行大量研究的基础上，我们可以简单地将人的职业兴趣及与之相对应的职业分为以下10类：

第一类，愿意与事物打交道。这一类型的人喜欢与事物（如，工具、机械、器具等）打交道，不喜欢从事与人或动物打交道的职业。相应的职业有制图员、维修工、操作工、会计等。

第二类，愿意与人接触。这一类型的人喜欢从事与他人接触的工作，如，销售采访、传递信息等。相应的职业有记者、营业员、服务员、推销员等。

第三类，愿意做领导和组织工作。这一类型的人喜欢从事管理工作，喜欢掌管一些事情。相应的职业有行政人员、管理人员等。

第四类，愿意做有规律的工作。这一类型的人喜欢有规则的活动，喜欢在预先安排的程序下做具体的工作。相应的职业有图书馆管理员、档案管理员、办公室职员等。

第五类，愿意从事社会福利或帮助人的工作。这一类型的人乐意帮助别人，愿意通过自己的努力改善别人的状况。相应的职业有医生、律师、护士、经纪人等。

第六类，愿意研究人的行为。这一类型的人喜欢谈论涉及人的主题，喜欢研究人的行为举止和心理状态。相应的专业有心理学、政治学、人类学等。

第七类，愿意从事科学技术工作。这一类型的人擅长理论分析，喜欢推理，喜欢动手实验，喜欢独立地思考和解决问题。相应的专业有数学、物理、化学、生物、工程学等。

第八类，愿意从事操作机器的技术工作。这一类型的人喜欢运用一定的技术，操纵机器设备，制造产品或完成相关任务。相应的职业有驾驶员、机床操作工等。

第九类，愿意从事抽象的、创造性的工作。这一类型的人喜欢需要想象力和创造力的工作，喜欢创造新的式样或概念。相应的职业有设计人员、创作人员、演员、画家等。

第十类，愿意从事具体的工作。这一类型的人喜欢生产或制作能看得见、摸得着的产品，希望能很快看到自己的劳动成果，并从中得到自我满足。相应的职业有园艺师、厨师、理发师、美容师等。

三、家庭因素

就个体差异而言，家庭对一个人的影响是显而易见的，每位同学的家庭教育都有所不同，在求职过程中所表现出的职业选择、对职业压力的心理承受能力、面试时的表现、对自己职业成功的定义、对未来报酬的期待及工作后择业的设想等都有很大的差别。可以说，家庭是孩子未来职业成长的摇篮，是造就其素质以至于影响职业生涯的主要因素之一。英国教育家约翰·洛克的观点非常明确："家庭教育决定孩子一生的命运。"

不同的家庭环境有着不同的教育方式。根据美国学者鲍姆林德的研究，把父母的教育方式分为权威型、专制型和放任型。后来美国心理学家麦科比和马丁又将放任型进一步分为溺爱型和忽视型。这样，父母的家庭教育方式大致可以分为四种类型：权威型（高要求、高反应）、专制型（高要求、低反应）、溺爱型（低要求、高反应）和忽视型（低要求、低反应）。因为权威和专制两词词义含混，近来多用民主型代替权威型。

四种父母教育方式的具体特征如下。

民主型家庭：父母自身言行能够产生明显的示范作用，容易获得孩子的认同，在这种环境下，能够使孩子有较强的自律性，擅于接受父母甚至周围师长的劝告，对自己的角色有较为明确的认识。在择业的复杂社会环境中，出现疑惑时考虑父母的忠告，能够以社会认同的普遍规则要求自己。

专制型家庭：会造成孩子与父母的关系紧张并逐渐疏远，难于找到自我的客观定位，缺乏认同感，在父母的高压下经常出现逆反倾向，即便是父母师长的客观良好建议也会主观地不认同。很少与父母交流思想，更谈不到说心里话，会造成子女在职业认同、情感和行为协调上一致性水平较低。

溺爱型家庭：容易过分迁就庇护子女，放松了对孩子的思想道德教育，甚至不愿意别人说自己孩子的缺点，会造成孩子对一些评价，尤其是负面的评价不认同。在职业生涯中，抗压性差，心理脆弱。有些溺爱型家庭会体现为过分保护，对孩子的生活起居过分照顾，对孩子的学习、游戏、社会交往等方面设置了过多的清规戒律，造成孩子的主动意识缺失，扼杀其职业上的主观能动性和创造性。

忽视型家庭：这类父母与子女在认识、情感和行为协调上都比较缺乏。子女与父母的关系被降低到简单的抚养关系，这不仅使孩子在发展中缺少必要的经验获得，而且容易使孩子产生孤独心理，不善于与周围进行信息交换。在职业生涯中对获取资源和认同上处于相对劣势，至于必要的理解、尊重、独立自主性的满足、榜样的信息等，则要到社会实践中去逐步积累，渐渐适应。

家庭因素的另一类体现则表现在父母和孩子对最终职业生涯目标的期待。通常父母对子女最终职业生涯目标的期待是很高的，并且从本科层次开始就要高于子女本身的期待。在一个药学类学生的统计调查中显示，学生在考虑就业时父母的影响因素仅次于自身，高于社会因素和职业报酬影响。所以，在进行职业生涯规划时，个体会因家庭的影响改变自身的发展方向。在对待父母的期待上，要辩证地看待其作用，一方面由于父母获得的社会经验比较丰富，对自己在决策上有较好的指导作用，从而能够避免在职场上做一些无谓的尝试；另一方面，如果一味地服从父母的要求，不考虑自身的情况，会把自己的职业生涯变成父母的职业生涯或者父母意愿的延续，丧失自我的特色，即便获得了很大的成绩，也很难有职业成功的感觉。

有调查显示，父母对孩子职业选择的期待因素顺序是职业名声、职业收入、舒适安全、施展才能、符合兴趣、国家需要、社会贡献，因而要正确地处理好家庭因素对职业生涯的影响。

四、社会因素

由于职业具有社会性，社会的方方面面因素都会对个体在职业选择上产生影响，综合起来主要表现在社会结构和社会认同上。

（一）社会结构

社会结构是社会因素对职业选择的内在表现。社会结构是一种客观的存在，也是人们认识社会的一种策略，我们大致上可以把社会结构看成一个社会中各种社会力量之间所形成的相对稳定的关系，如，职能部门之间、利益群体之间的关系。个体选择都是在社会结构约束和影响下做出的。社会结构是个体进行职业选择行为的前提和条件，个人职业选择行为的结果有时也会产生新的社会结构或者改变旧的社会结构，资本主义社会的形成就是最好的例证。

社会结构对职业的影响主要表现在职业结构上。现代社会里，职业是一个人生存和发展的基础条件之一，我们所说的职业结构则是各种职业之间的组成关系，它最明显的外在表现形式是各种职业的劳动者数量。因此，职业结构与职业选择有着天然的联系，职业结构为职业选择进行引导，职业选择对职业结构产生反作用。职业结构的变化可以从两个方面来说明：一方面，随着科学技术水平的提高，新知识、新技能的广泛应用使得社会劳动分工越来越细，开始出现新型职业，一些旧的、可替代的职业因为失去了存在的理由和条件，逐渐消亡。有部分职业虽然仍以固有的名称和形式存在，但职业的工作条件和工作内容发生了重大的变化。另一方面，职业结构的变化是指各种职业的参与者的比例会随着社会的发展而发生变化。对于一个社会来说，职业结构的变化反映了一个社会的发展水平和发展方向，农业国和工业国发展方向上的不同也是因此而形成的。以近现代世界各国的发展规律来看，职业结构变化遵循一定规律，尤其从发达国家职业结构来看，总的趋势是体力性的、非技术性职业的劳动者所占的比例在不断减少，而脑力性的、技术性职业的劳动者所占的比例不断提高。

（二）社会认同

社会认同是社会因素对职业选择的外在表现。社会认同理论（Social identify theory）是泰弗尔等人在 20 世纪 70 年代提出，并在群体行为的研究中不断发展起来的。后来约翰·特纳又提出了自我归类方法，进一步完善了这一理论。该理论认为人们会自动区分内团体（我们）和外团体（他们）成员，同时有动机去维持一个正向的社会认同，并在从属的团体认同中，获得正向的自我概念。同时，当人们归属于一个团体时，会对团体的工作有较高的评价，给予团体的成员较多的资料。对于职业的社会认同主要体现在对职业社会地位、社会形象及群体性的职业价值取向上。

【小资料】

美国哈佛大学有一个非常著名的关于目标对人生影响的跟踪调查。被调查者是一群在智力、学历、环境等方面差别都不大的年轻人，结果显示，3%有清晰且长期目标的人，25 年来他们从未改变过目标，总是朝着一个方向不懈地努力，25 年后，他们几乎都成了社会各界的成功人士；10%具有清晰短期目标的人，他们不断完成预定的短期目标，生活状态稳步上升，25年后，他们成为了各行各业的主要专业力量，生活在社会中上层；60%的人目标模糊，他们虽能较安稳地生活与工作，但都没什么建树；其余的27%，是那些25年来从无目标的人，他们生活得不如意，处于社会底层，常常失业，靠社会救济，并且总是在抱怨他人，抱怨社会，抱怨世界。

第三章　职业生涯辅导理论

职业生涯辅导理论起源于20世纪初的美国，最早是以协助个人确定职业方向、选择职业、谋求职业发展为主的职业指导形式出现的，重在解决职业问题。职业生涯辅导理论的奠基人、美国波士顿大学教授帕森斯（Parsons）1908年创立了“波士顿职业指导局”，并于1909年5月出版了《职业选择》著作。随后，职业生涯辅导理论受到日本、德国等国家的重视和推崇。20世纪60年代以来，职业生涯辅导理论和实践获得了蓬勃发展，建立起了一系列理论模型，各种理论试图通过不同的途径来揭示个人在社会角色和生涯方面的问题。20世纪90年代中后期职业生涯理论由欧美国家传入中国，并逐渐为人们广为接受。

第一节　职业选择匹配理论

一、帕森斯的特质因素论

特质因素论最早由美国波士顿大学的帕森斯教授提出，这是用于职业选择与职业指导的最经典的理论之一。特质因素论假设每个人均有稳定的人格特征（特质），包括能力倾向、兴趣、价值取向、人格等，同时职业也有一组稳定的条件（因素），即在工作上要取得成功所须具备的条件或资格，如果个人特质与工作因素越接近，则个人在工作上取得成功的可能性就越大。

1909年，帕森斯在其所著的《职业选择》一书中，明确提出了职业选择的三大要素，即：

第一，自我了解：性格、成就、兴趣、价值观和人格特质等。

第二，获得有关职业的知识：信息的类型（职业的描述、工作条件、薪水等）、职业分类系统、职业所要求的特质和因素。

第三，整合有关自我与职业世界的知识。

特质因素论假设每个人均有稳定的人格特征（特质），包括能力倾向、兴趣、价值取向、人格等，同时职业也有一组稳定的条件（因素），即在工作上要取得成功所需具备的条件或资格，如果个人特质与工作因素越接近，则个人在工作上取得成功的可能性就越大。

在做出职业选择之前首先是要评估个人的能力，因为个人选择职业的关键就在于个人的特质与特定行业的要求是否相配；其次是要进行职业调查，即强调对工作进行分析，包括研究工作情形、参观工作场所、与工作人员进行交谈；最后要以人职匹配作为职业指导的最终目标。帕森斯认为只有这样，人才能适应工作，并且使个人和社会同时受益。

帕森斯认为职业与人的匹配，分为以下两种类型：

第一，条件匹配：所持专门技术和专业知识的职业与掌握该种特殊技能和专业知识的择业者相匹配。

第二，特长匹配：某些职业需要具有一定的特长；如，具有敏感、易动感情、不守常规、有独创性、个性强、理想主义等人格特性的人，宜于从事美的、自我情感表达的艺术创作类型的职业。

帕森斯的特质因素论，作为职业选择的经典性理论，至今仍然有效，并对职业生涯规划和职业心理学的发展具有重要的指导意义。

二、亲子关系与职业选择

罗伊认为父母对个体早期的教养方式，对其今后的职业选择有很大的影响。她把父母对孩子管教的态度从“温暖”和“冷漠”两个基本方面，大致划分为三种类型、六种情况，并非常形象地把亲子关系和职业选择的关系用图 3-1 来表示。

从图 3-1 中，我们可以清楚地看出亲子交互反应的形态与人际倾向之间的关系，而此两者的关系又取决于需求满足的方式与程度。

第一型“关心子女型”中的“过度保护型”父母，会毫无保留地满足子女的生理需求，却不见得能满足子女对爱与自尊的需求，即使这些需求都能得到满足，子女行为未必表现出社会认可的行为。所以，在这类氛围下成长大的子女，日后显示出较多的人际倾向，而且不是出自防御的心理机制。而“过度要求型”的父母，对于子女需求的满足往往附加某些条件，也就是当子女表现出顺从的行为，或表现出父母认可的成就行为时，其生理需求或爱的需求才能得到满足，这种在父母的高标准严要求下长大的孩子会变成完美主义者。他们会为表现得不够完美而焦虑，因而在作职业选择时较为困难。

在第二型“逃避型”父母的教养态度下，无论是受到拒绝或忽视，儿童需求满足的经验都是痛苦的，即不论生理需要还是安全需要的满足都会有所欠缺，更谈不上高级需要的满足。所以，这类儿童日后会害怕和他人相处，宁可在自己的工作岗位上，靠自己的努力满足自己的需求。

第三型“接纳型”家庭的氛围大体上是温暖的。在温暖、民主气氛下长大的孩子，各类层次的需求不会缺乏，长大之后也能做独立的选择。

总之，童年的经验与职业选择有极大的相关性。每一个家庭对于子女的教育方式都不尽相同，教育方式上的差异，致使个人各种心理需求的满足方式与程度也会有层次上的出入。因此，父母的教养态度对孩子的职业选择有重要的影响力，应该让孩子从小去发展自己的能力倾向及职业的兴趣，这样他们对终身的择业行为才有正确的观念及选择的能力，也愿意承担选择后的责任。

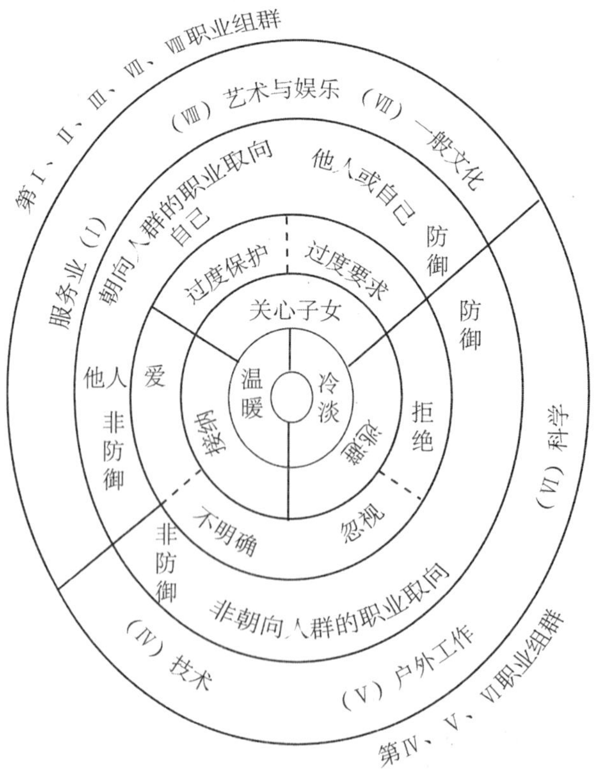

图 3-1　亲子关系与职业选择的关系（罗伊，1957）

三、霍兰德的职业性向理论

美国霍普金斯大学心理学教授约翰·霍兰德（John Holland）是美国著名的职业指导专家。他于1971年提出具有广泛社会影响的个性工作适应性理论，并编制了霍兰德职业人格能力测验，该测验能帮助个体发现和确定自己的职业兴趣与能力专长，进而作为个体在求职择业时进行决策的依据。

1. 主要观点

霍兰德认为，生涯选择是个人人格在工作世界中的表露和延伸；某一类型的职业通常会吸引具有相同人格特质的人，而具有相同人格特质的人对许多生活事件的反应模式也是基本相似的，他们创造了具有某一特色的生活环境（也包括工作环境）。霍兰德认为，在同等条件下，人和环境的适配性或一致性将会增加个体的工作满意度、职业稳定性和职业成就感。

霍兰德生涯理论的基础主要由四个基本假设组成：①大多数人的人格特质都可以归纳为六种类型，即现实型、研究型、艺术型、社会型、管理型和常规型。②工作环境也有六种类型，其名称、性质与人格类型的分类一致。③人们都尽量寻找那些能突出自己特长、体现自己价值和能令自己愉快的职业，例如，一个现实型的人会尽力去寻找现实型的职业，其他几种人格类型和职业类型的匹配亦然。④一个人的行为表现是职业环境类型与人格类型相互作用的结果。如果知道自己的人格类型和职业类型，我们就可以预测自己的职业选择、工作变换、职业成就、教育及社会行为。

2. 人格类型

（1）现实型（Realistic Type，简称R)。现实型的人喜欢从事户外工作或操作机器，而不喜欢在室内工作。这种人通常比较现实，身强体壮、擅长机械和体力劳动，他们会倾向于选择如下一些职业，制造、渔业，野生动物管理、技术贸易、机械、农业、技术、林业、特种工程师和军事工作，等等。有时候，现实型的人在用言语表达自己的情感时可能会存在困难。

（2）研究型（Investigative Type，简称I)。研究型的人喜欢那些与思想有关的研究活动，如数学、物理、生物和社会科学等，他们喜欢研究那些需要分析、思考的抽象问题。研究型的人通常具有如下特征：聪明、好奇、有学问、具有创造性和批判性、具有数学和科学天赋，这一类型的人虽然常隶属于某一研究团体，但他们喜欢独立工作。以下人员就属于研究型的人：实验室工作人员、生物学家、化学家、社会学家、工程设计师、物理学家和程序设计员等。

（3）艺术型（Artistic Type，简称 A）。艺术型的人喜欢自我表达，喜欢在写作、音乐、艺术和戏剧等方面进行艺术创作。他们通常会尽力避免那些过度模式化的环境。他们喜欢将自己完全投注在自己所制定的项目中。这样的人通常善于表达，有直觉力，具有想象力和创造力，具有表演、写作、音乐创作和讲演等天赋。他们从事的职业主要有作家、艺术家、音乐家、诗人、漫画家、演员、戏剧导演、作曲家、乐队指挥和室内装潢等。

（4）社会型（Social Type，简称 S）。社会型的人典型的表现是喜欢与人合作，积极关心他人的幸福，喜欢给人做培训或给大家传达信息，愿意帮助别人解决困难。他们喜欢的工作环境是那些需要与人建立关系、与群体合作、与人相处以及通过谈话来解决问题和困难的工作环境。社会型的人通常易合作、友好、仁慈、随和、机智、善解人意。他们偏好的主要职业有教学、社会工作、宗教、心理咨询和娱乐等。

（5）企业型（Enterprising Type，简称 E）。企业型的人喜欢领导和控制别人，或为了达到个人或组织的目的而去说服别人。他们追求高出平均水平的收入。他们喜欢利用权力，希望成就一番事业。这样的人多从商或从政。企业型的人通常精力充沛、自负、热情、自信，具有冒险精神，能控制形势，擅长表达和领导。他们大多会在政治或经济领域取得成就。适合这类人的职业主要有商业管理、律师、政治领袖、推销商、市场经理或销售经理、体育运动策划者、采购员、投资商、电视制片人和保险代理人等。

（6）常规型（Conventional Type，简称 C）。典型的常规型的人喜欢规范化的工作或活动，他们希望确切地知道别人希望他们怎么样和让他们干什么，他们喜欢整洁有序。若把常规型的人放在领导者的位置会让他们感到不适应，他们更愿意在一个大的机构中处于从属地位、跟随大流。常规型的人大多具有细心、顺从、依赖、有序、有条理、有毅力、效率高等特征。他们多擅长文书或数据类工作，通常会在商业事务性的工作中取得成就。适合这一类人的典型职业有会计、银行出纳、图书管理员、秘书、档案文书、税务专家和计算机操作员等。

3. 职业环境类型

职业环境也可以分为六种类型，其名称及性质与人格类型的分类一致。

（1）现实型的职业。通常是那些对物体、工具、机器、动物等进行操作的工作。从事现实型职业的人通常具有现实型的人格特质，他们大多是现实的、机械的，并具有传统的价值观；倾向于用简单、直接的方式来处理问题，也用他们的机械和技术能力来进行生产。

（2）研究型的职业。通常是指那些对物理学、生物学或文化知识进行研究和探索的职业。从事这一行业的人通常具有研究型的人格特质。他们大多是有学问、聪明的人，他们获取成就的方式主要是通过证明他们的科学价值而达到，这样的人一般会以复杂、抽象的方式看待世界，并倾向于用理性和分析的方式来处理问题。

（3）艺术型的职业。通常指那些进行艺术、文学、音乐和戏剧创作的职业。从事这一职业的人通常具有艺术型的人格特质。他们大多擅长表达，富有创造力，直觉能力强，不随大流，独立性强。他们通常以展示自己的艺术价值来获取成就，以复杂的和非传统的方式来看待世界，与他人交往更富于情感和表达。

（4）社会型的职业。主要是那些与人打交道的工作，如教导、培训、发展、治疗或启发人的心智等。从事这类职业的人通常具有社会型的人格特质。他们通常乐于助人、善解人意、灵活而随和。他们获取成就的主要方式是通过展示自己的社会价值而达到，并常常以友好、合作的方式来与人相处。

（5）企业型的职业。主要是指那些通过控制、管理他人而达到个人或组织目标的职业。从事这一职业的人通常具有企业型的人格特质。他们一般都具有领导和演说才能，通过展示自己的金钱、权力、地位等来获取成就，常常以权力、地位、责任等为标准来衡量外界事物，并通过控制的方式来处理问题。

（6）常规型的职业。通常是指那些对数据进行细致有序的系统处理的工作，如，录入、档案管理、信息组织和机器操作等。从事这类职业的人通常具有常规型的人格特质。他们通常整洁有序，擅长文书工作，一般会在适应性、靠依赖性的工作中获取成就。他们通常以传统的和依赖的态度来看待事物，并用认真、现实的方式来处理问题。

4. 霍兰德六种类型之间的关系

霍兰德以一个六边形形象地阐述了六个类型之间的关系，如图 3-2 所示，六种类型占据了六边形的六个角，彼此之间具有相邻、相隔、相对三种关系。各相邻角彼此间具有较高一致性的职业性向，即相邻两种类型间有一定的共同特点，而不相邻角的类型之间一致性职业性向则较弱，相距愈远则一致性愈弱，相对角之间的类型一致性最弱。以社会型与现实型为例，社会型的人喜欢帮助别人，在团体中工作，看重人际间的互动；现实型的人则偏好用机器来工作，而不喜欢以人群为工作的对象。

当人们无法在个人所偏好的部门找到合适的工作时，往往可以在六角形相邻类型部门中能选择到比与之较远类型部门更令人满意的工作。实际上，大多数人都并非只有一种职业性向，如果某人所具有的职业性向是紧邻着的（比如 CRI 类型），那么，他职业选择成功的可能性就会是最大的，如果某人所具有的职业性向是相互对立的（比如 ARS 型），那么，他在进行职业选择时将会面临犹豫不决的状况，其多种兴趣将大大增加他在职业选择中的难度。

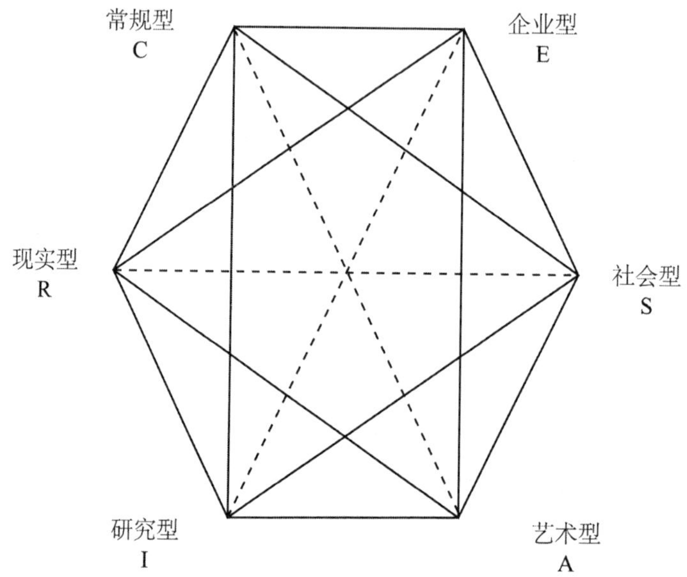

图 3-2　六角形模型对人格特质和职业环境之间相似关系的描述

霍兰德的类型论提出之后，产生了广泛的影响。对职业指导过程的分析、解释和诊断产生了重大影响，其理论被广泛用于心理测量工具的编制和应用，并激发了众多对其理论的研究工作与报告的产生。

第二节　职业生涯发展阶段理论

每个人的职业生涯都要经历许多阶段，只有了解了不同阶段的特征、知识水平要求和各种职业偏好，才能更好地促进个人的职业生涯发展。有关职业生涯发展阶段划分的理论比较有影响的主要有以下四种。

一、萨柏的职业生涯发展阶段理论

萨柏（Donald E. Super）是美国的一位有代表性的职业管理学家，他首先提出了“生涯”的概念，把生涯的发展看成一个持续渐进的过程，从出生开始一直伴随每个人的一生。萨柏把人的职业生涯发展划分为五个主要的阶段。

1. 成长阶段（growth stage）属于认知阶段

大体上可以界定为从0～14岁这一年龄段上。在这一阶段，个人通过对家庭成员、老师、朋友的认同及相互作用，逐步建立起自我概念，并经历对职业从好奇、幻想到兴趣，再到有意识地培养职业能力的逐步成长过程。萨柏将这一阶段具体分为三个成长期：

（1）幻想期（10岁之前）：儿童从外界感知到许多职业，对于自己觉得好玩和喜爱的职业充满幻想，并进行模仿。

（2）兴趣期（11～12岁）：以兴趣为中心理解、评价职业，开始做职业选择。

（3）能力期（13～14岁）：开始考虑自身条件与喜爱的职业是否相符合，有意识地进行能力培养。

2. 探索阶段（exploration stage）属于学习打基础阶段

大体上发生在15～24岁这一年龄段上。这一阶段个人将认真地探索各种可能的职业选择，对自己的能力和天资进行现实性评价，并根据未来的职业选择做出相应的教育决策，完成择业及初就业。具体又可分为三个时期：

（1）试验期（15～17岁）：综合认识和考虑自己的兴趣、能力与职业社会价值、就业机会，开始对未来进行尝试性选择。

（2）转变期（18～21岁）：正式进入劳动力市场，或者进行专门的职业培训，由一般性的职业选择转变为特定目标的选择。

（3）尝试期（22～24岁）：选定工作领域，开始从事某种职业，对职业发展目标的可行性进行实验。

3. 确立阶段（establishment stage）属于选择、安置阶段

一般是指从25～44岁这一年龄段，是经过早期的试探与尝试后，最终确立稳定职业并谋求发展的阶段。这一阶段是大多数人职业生涯周期中的核心部分，一般要经过三个时期：

（1）尝试期（25～30岁）：对最初就业选定的职业和目标进行检验，如有问题则需要重新选择、变换职业工作，重点是寻求职业及生活上的稳定。

（2）稳定期（31～44岁）：最终确定稳定的职业目标，并致力于实现这些目标。

（3）职业中期危机阶段：在30～40岁中的某一时期可能会发现自己并没有朝着自己的职业目标靠近或发现了新的目标，因而需重新评估自己的需求和目标，处于一个转折期。

4. 维持阶段（maintenance stage）属于升迁和专精的阶段

此阶段约在45～64岁这一年龄段上。这一阶段的劳动者长时间内在某一职业上工作，在该领域已具有一席之地，一般达到常言所说的"功成名就"阶段，已不再考虑变换职业，只力求保住这一位置，维持已取得的成就和社会地位。重点是维持家庭和工作间的和谐关系，传承工作经验，寻求接替人选。

5. 衰退阶段（decline stage）属于退休阶段

人达到65岁以上，临近退休时，其健康状况和工作能力逐步衰退，即将退出工作，结束职业生涯。因此，这一阶段要学会接受权利和责任的减少，学习接受一种新的角色，适应退休后的生活，以减轻身心的衰退，维持生命力。

萨柏把人一生的历程称为"生活广度"（Life Span），把人生历程中各个阶段个人所扮演的角色（如子女、学生、父母、公民等）则称为"生活空间"（Life Space），生活广度属于时间的向度，生活空间属于空间的向度，二者交汇成为如下的生涯彩虹图（图3-3）。

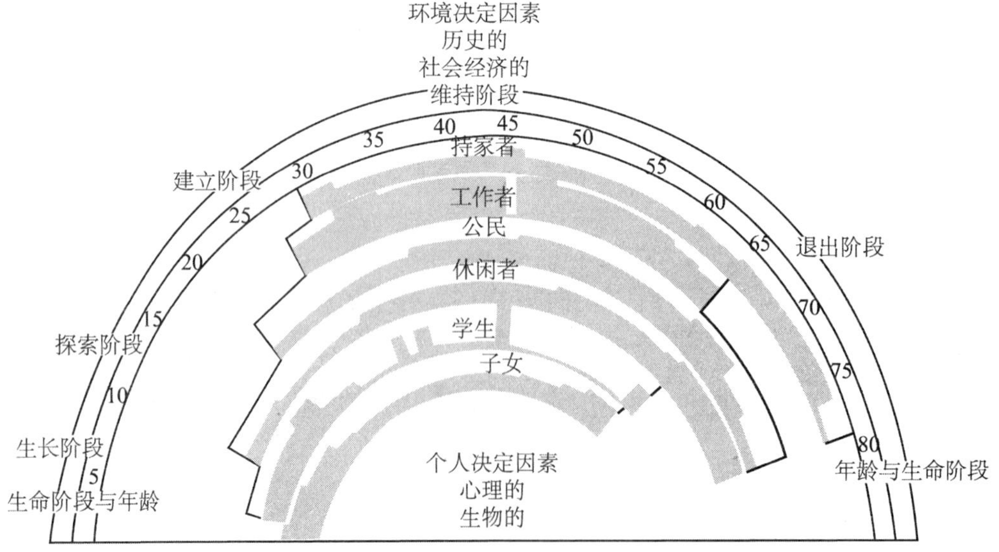

图3-3　生涯彩虹图

在生涯彩虹图中，横向层面代表的是“生活广度”，在彩虹图的外层标示了人一生主要的发展阶段和与之大致相应的年龄段，纵向层面代表的是“生活空间”，描绘了生涯发展阶段与角色间的相互影响和发展状况，彩虹深浅不一的颜色则表示个人在不同时期对不同角色的投入和重视程度。

萨柏以年龄为依据，对职业生涯阶段进行了划分，但现实中职业生涯是个持续的过程，各阶段的时间并没有明确的界限，其经历时间的长短常因个人条件的差异及外在环境的不同而有所不同，有长有短、有快有慢，有时还可能出现阶段性反复。

二、金斯伯格的职业发展阶段理论

美国著名的职业指导专家、职业生涯发展理论的先驱和典型代表人物金斯伯格(Eli Ginzberg)对职业生涯的发展进行过长期研究。他研究的重点是从童年到青少年阶段的职业心理发展过程，通过比较美国富裕家庭的人从童年到成年早期和成熟过程中的有关职业选择的想法和行动，并将职业生涯发展分为幻想期、尝试期和现实期。

1. 幻想期：11 岁之前的儿童时期

在这个时期，儿童对大千世界，特别是对于他们所看到的或接触到的各类职业工作者，如，教师、医生、护士、警察、军人、演员、售货员等，充满了新奇、好玩之感，幻想着长大成为什么样的人、当什么等，并在游戏中，常常扮演他们各自所喜爱的角色，甚至在日常服饰打扮、语言行动上进行模仿。此时期的职业需求特点是：单纯由自己的兴趣爱好所决定，并不考虑也不可能考虑自身的条件、能力水平和社会需要与机遇，完全处于幻想中。

2. 尝试期：11～17 岁

接受初等和中等教育并由少年向青年过渡时期。这一时期，人的心理和生理均在迅速成长发育和变化，有独立的意识，价值观念形成，知识和能力显著增长和增强，初步懂得社会生产和生活的经验。在职业需求上呈现出的特点是：不仅注意自己的职业兴趣，而且更多地和客观地审视自身各方面的条件、能力和价值观；开始注意职业角色的社会地位、社会意义以及社会对该职业的需求。尝试期又可分为四个阶段：

(1) 兴趣阶段（11～12 岁），开始注意并培养起对某些职业的兴趣。

(2) 能力阶段（13～14 岁），开始以个人的能力为核心，衡量并测验自己的能力，并将其表现在各种相关的职业活动中。

（3）价值观阶段（15～17 岁），逐渐了解自己的职业价值观，并能兼顾个人与社会的需要，以职业的价值性选择职业。

（4）综合阶段（17 岁），将上述三个阶段进行综合考虑，并综合相关的职业选择资料，以此来正确了解和判定未来的职业生涯发展方向。

3. 现实期：17 岁以后的青年和成年期

这一时期，即将步入社会劳动，能够客观地把自己的职业愿望或要求同自己的主观条件、能力以及社会现实的职业需要密切联系和协调起来，寻找适合于自己的职业角色，这一时期的职业需求不再模糊不清，已有具体的、现实的职业目标，表现出的最大特点是客观性、现实性、讲求实际。现实期又可分为三个阶段：

（1）试探阶段，根据尝试期的结果进行各种试探活动，试探各种职业机会和可能的选择。

（2）具体化阶段，根据试探阶段的经历做进一步的选择，进入具体化阶段。

（3）专业化阶段，依据自我选择的目标做具体的就业准备。

金斯伯格的职业生涯阶段理论实际上是就业前人们职业意识或职业追求的变化发展过程。金斯伯格的职业生涯发展理论对实践产生过广泛的影响。

三、格林豪斯的职业发展阶段理论

萨柏和金斯伯格都是从人的不同年龄对职业的需求与态度来研究职业生涯发展过程、划分职业生涯阶段的。格林豪斯（Greenhouse）则是从人生的不同年龄阶段职业生涯发展所面临的主要任务的角度对职业生涯发展进行研究的，并以此为依据将职业生涯发展划分为五个阶段。

1. 职业准备阶段，其年龄段一般为 0～18 岁

这一时期的主要任务是：发展职业想象力，培养职业兴趣和能力，对职业进行评估和选择，接受必需的职业教育和培训。

2. 进入组织阶段，其年龄一般为 18～25 岁

进入组织阶段的任务是：以求职者的身份出现在劳动力市场上，在获取足量信息的基础上尽量选择一种合适的、较为满意的职业，并在一个理想的组织中获得一份工作。

3. 职业生涯初期，其年龄一般为25～40岁

这一时期的主要任务是：了解和学习组织纪律和规范，接受组织文化，逐步适应职业工作，适应和融入组织，以获取组织正式成员资格，不断学习职业技术，提高工作能力，为未来职业生涯成功做好准备。

4. 职业生涯中期，其年龄一般为40～55岁

职业生涯中期阶段的主要任务是：不断学习新的知识，努力工作，并力争有所成就。这时，还需要对早期职业生涯进行重新评估，以便强化或转变自己的职业理想，重新选定职业。

5. 职业生涯后期，其年龄一般为从55岁直至退休

职业生涯后期的主要任务是：继续保持已有的职业成就，成为一名良师，对他人承担责任，维护尊严，准备引退。除格林豪斯之外，福姆、利文森、米勒、休普、诺杰姆、豪尔以及斯乔恩等人均提出过类似的职业生涯发展理论。

四、施恩的职业发展阶段理论

美国著名的心理学家和职业管理学家施恩（Edgar H. Schein）教授根据人的生命周期的特点及不同年龄段所面临的问题和职业工作的主要任务，将职业生涯分为九个阶段。

1. 成长、幻想、探索阶段：处于这一职业发展阶段的年龄一般为0～21岁

在这一阶段所充当的角色是学生、职业工作的候选人、申请者。主要任务是：①发展和发现自己的需要和兴趣，发展和发现自己的能力和才干，为进行实际的职业选择打好基础。②学习职业方面的知识，寻找现实的角色模式，获取丰富的信息，发展和发现自己的价值观、动机和抱负，做出合理的受教育决策，将幼年的职业幻想变为可操作的现实。③接受教育和培训，开发工作世界中所需要的基本习惯和技能。

2. 进入工作阶段：处于这一职业发展阶段的年龄一般为21～25岁

这一阶段充当的角色是应聘者、新学员。主要任务是：①进入劳动力市场，谋取可能成为一种职业基础的第一项工作。②学会如何寻找、评估和申请一项工作，并做出现实有效的第一项工作选择。③个人和雇主之间达成正式可行的契约，个人成为一个组织和一个职业的成员。

3. 基础培训：处于这一职业发展阶段的年龄一般为16～25岁

与进入工作阶段不同，此时已经迈进职业或组织的大门，其角色是要担当实习生、新手。主要任务是：①了解、熟悉组织，接受组织文化，克服不安全感，学会与人相处并融入工作群体，尽快取得组织成员资格。②适应日常的操作程序，承担工作，成为一名有效的成员。

4. 早期职业的正式成员资格：处于这一职业发展阶段的年龄一般为17～30岁

其角色是取得组织新的正式成员资格。面临的主要任务是：①承担责任，成功地履行与第一次工作分配有关的义务。②发展和展示自己的技能和专长，为提升或进入其他领域的横向职业成长打基础。③根据自身才干和价值观，以及组织中的机会和约束重估当初追求的职业，决定是否留在这个组织或职业中，或者在自己的需要、组织约束和机会之间寻求一种更好的平衡。④寻求良师和保护人。

5. 职业中期：处于这一职业发展阶段的年龄一般为25岁以上

其角色是正式成员、任职者、终生成员、主管、经理等。主要任务是：①选定一项专业或进入管理部门。②保持技术竞争力，在自己选择的专业或管理领域内继续学习，力求成为一名专家或职业能手。③承担较大责任，确认自己的地位。④开发个人的长期职业计划。⑤寻求家庭、自我和工作事务间的平衡。

6. 职业中期危险阶段：处于这一职业发展阶段的年龄一般为35～45岁

主要任务是：①现实地评价自己的才干、动机和价值观，进一步明确自己的职业抱负及个人前途。②就接受现状或者争取看得见的前途做出具体选择。③建立与他人的良师关系。

7. 职业后期：处于这一职业发展阶段的年龄一般从40岁以后直到退休

处于职业后期阶段的角色主要有骨干成员、管理者、有效贡献者等。此时期的主要任务是：①成为一名良师，学会发挥影响，指导、指挥别人，对他人承担责任。②扩大、发展、深化技能，或者提高才干，以担负更大范围、更重大的责任。③选拔和培养接替人员。④如果求安稳，就此停滞，则要接受和正视自己影响力和挑战力的下降。

8. 衰退和离职阶段：处于这一职业发展阶段的年龄一般在40岁之后到退休期间

不同的人在不同的年龄会衰退或离职。这一阶段的主要任务是：①学会接受权利、责任、地位的下降。②基于竞争力和进取心下降，要学会接受和发展新的角色。

③培养新的工作以外的兴趣、爱好，寻找新的满足源。④评估自己的职业生涯，着手退休。

9. 退休：离开组织或职业的年龄因人而异

在失去工作或组织角色之后，主要面临两大任务：①适应角色、生活方式和生活标准的急剧变化，保持一种认同感。②保持一种自我价值观，运用自己积累的经验和智慧，以各种资深角色，对他人进行传、帮、带。

施恩关于职业生涯发展阶段的划分基本上是依照年龄增大的顺序并根据不同时期的职业状态、任务、职业行为等进行的划分，只给出一个大致的年龄跨度，并在不同的职业阶段上年龄有所交叉。例如，进入工作阶段是一种正在寻求和进入工作的状态或行为，而且是职业工作的开端、人生的转折点，于是单成一阶段。一旦迈进组织或职业这一大门，便以实习生、新手的角色出现，便进入培训阶段，虽然年龄相同，但任务和角色却明显不同。同样，职业中期是人生职业经历中一个大的阶段，但是施恩又转化出一个职业中期危险阶段，因为35～45岁正是关乎一个人职业命运和前途的关键时期。在职业发展生涯后期阶段，衰退和离职是职业生涯的尾声和结束，是职业生涯发展的重要过程，而且不同的人衰退和离职年龄不相同，因此衰退和离职也突出单列为一个阶段。这样，施恩教授依据职业状态和职业行为及发展过程的重要性划分职业周期阶段，从而使其更加清楚明了。

上述四种关于职业生涯发展阶段的理论，各有侧重，各有千秋。其中，施恩的理论较为丰富，阶段划分依据更为科学、具体和实际，但阶段过繁；相比之下，格林豪斯关于职业生涯发展阶段的划分简洁、明了。吸收各家之长，本着科学性、现实性、简洁清晰的原则，我们倾向于将职业生涯划分为四个阶段：职业准备和选择阶段，职业生涯早期，职业生涯中期，职业生涯后期。每个阶段处在不同的职业状态，面临不同的职业发展的任务。

第三节　职业锚理论

一、职业锚概念

职业锚（Career　Anchor）理论产生于在职业生涯规划领域具有“教父”级地位的美国麻省理工大学斯隆商学院、美国著名的职业指导专家埃德加·H. 施恩

(Edgar. H. Schein) 教授领导的专门研究小组，是对该学院毕业生的职业生涯研究中演绎成的。斯隆管理学院的 44 名 MBA 毕业生，自愿形成一个小组接受施恩教授长达 12 年的职业生涯研究，包括面谈、跟踪调查、公司调查、人才测评、问卷等多种方式，最终分析总结出了职业锚（又称职业定位）理论。

所谓职业锚，又称职业系留点。锚，是使船只停泊定位用的铁制器具。职业锚，实际就是人们选择和发展自己的职业时所围绕的中心，是指当一个人不得不做出选择的时候，他无论如何都不会放弃的职业中的那种至关重要的东西或价值观，是自我意向的一个习得部分。个人进入早期工作情境后，由习得的实际工作经验所决定，与在经验中自省的动机、价值观、才干相符合，达到自我满足和补偿的一种稳定的职业定位。职业锚强调个人能力、动机和价值观三方面的相互作用与整合。职业锚是个人同工作环境互相作用的产物，在实际工作中是不断调整的。

职业锚问卷是国外职业测评运用最广泛、最有效的工具之一。职业锚问卷是一种职业生涯规划咨询、自我了解的工具，能够协助组织或个人进行更理想的职业生涯发展规划。

了解职业锚的概念，要注意以下几个方面：

(1) 职业锚以员工习得的工作经验为基础。职业锚发生于早期职业阶段，新员工已经工作若干年，习得工作经验后，方能够选定自己稳定的长期贡献区。个人在面临各种各样的实际工作生活情境之前，不可能真切地了解自己的能力、动机和价值观以及在多大程度上适应可行的职业选择。因此，新员工的工作经验产生、演变和发展了职业锚。换句话说，职业锚在某种程度上由员工实际工作所决定，而不只是取决于潜在的才干和动机。

(2) 职业锚不是员工根据各种测试出来的能力、才干或者作业动机、价值观，而是在工作实践中，依据自省和已被证明的才干、动机、需要和价值观，现实地选择和准确地进行职业定位。

(3) 职业锚是员工自我发展过程中的动机、需要、价值观、能力相互作用和逐步整合的结果。

(4) 员工个人及其职业不是固定不变的。职业锚，是个人稳定的职业贡献区和成长区。但是，这并不是意味着个人将停止变化和发展。员工以职业锚为其稳定源，可以获得该职业工作的进一步发展，以及个人生物社会生命周期和家庭生命周期的成长、变化。此外，职业锚本身也可能变化，员工在职业生涯的中、后期可能会根据变化了的情况，重新选定自己的职业锚。

二、职业锚主要内容

职业锚以员工习得的工作经验为基础，产生于早期职业生涯。员工的工作经验进一步丰富发展了职业锚。1978 年，美国的 E. H. 施恩教授提出的职业锚理论包括五种类型：自主型职业锚、创业型职业锚、管理能力型职业锚、技术职能型职业锚、安全型职业锚。

逐渐发现职业锚的研究价值，越来越多的人加入了研究的行列。在 20 世纪 90 年代，又发现了三种类型的职业锚如下：安全稳定型、生活型、服务型职业锚。施恩先生将职业锚增加到八种类型，并推出了职业锚测试量表。

技术／职能型（Technical Functional Competence）：技术/职能型的人，追求在技术/职能领域的成长和技能的不断提高，以及应用这种技术/职能的机会。他们对自己的认可来自他们的专业水平，他们喜欢面对来自专业领域的挑战。他们一般不喜欢从事一般的管理工作，因为这将意味着他们放弃在技术/职能领域的成就。

管理型（General Managerial Competence）：管理型的人追求并致力于工作晋升，倾心于全面管理，独自负责一个部分，可以跨部门整合其他人的努力成果，他们想去承担整个部分的责任，并将公司的成功与否看成自己的工作。具体的技术/功能工作仅仅被看作通向更高、更全面管理层的必经之路。

自主／独立型（Autonomy Independence）：自主/独立型的人希望随心所欲安排自己的工作方式、工作习惯和生活方式。追求能施展个人能力的工作环境，最大限度地摆脱组织的限制和制约。他们愿意放弃提升或工作扩展机会，也不愿意放弃自由与独立。

安全／稳定型（Security Stability）：安全/稳定型的人追求工作中的安全与稳定感。他们可以预测将来的成功从而感到放松。他们关心财务安全，例如，退休金和退休计划。稳定感包括诚信、忠诚以及完成老板交待的工作。尽管有时他们可以达到一个高的职位，但他们并不关心具体的职位和具体的工作内容。

创造型（Entrepreneurial Creativity）：创业型的人希望用自己能力去创建属于自己的公司或创建完全属于自己的产品（或服务），而且愿意去冒风险，并克服面临的障碍。他们想向世界证明公司是他们靠自己的努力创建的。他们可能正在别人的公司工作，但同时他们在学习并评估将来的机会。一旦他们感觉时机到了，他们便会自己走出去创建自己的事业。

服务型（Service Dedication to a Cause）：服务型的人指那些一直追求他们认可的核心价值，例如，帮助他人，改善人们的安全，通过新的产品消除疾病。他们一直追寻这种机会，这意味着即使变换公司，他们也不会接受不允许他们实现这种价值的工作变换或工作提升。

挑战型（Pure Challenge）：挑战型的人喜欢解决看上去无法解决的问题，战胜强硬的对手，克服无法克服的困难障碍等。对他们而言，参加工作或职业的原因是工作允许他们去战胜各种不可能。新奇、变化和困难是他们的终极目标。如果事情非常容易，它马上变得非常令人厌烦。

生活型（Life Style）：生活型的人是喜欢允许他们平衡并结合个人的需要、家庭的需要和职业的需要的工作环境。他们希望将生活的各个主要方面整合为一个整体。正因为如此，他们需要一个能够提供足够的弹性让他们实现这一目标的职业环境，甚至可以牺牲他们职业的一些方面，如，提升带来的职业转换，他们将成功定义得比职业成功更广泛。他们认为自己在如何去生活，在哪里居住，以及如何处理家庭事情，及在组织中的发展道路是与众不同的。

三、职业锚主要功能

职业锚在员工的工作生命周期中，在组织的事业发展过程中，发挥着重要的功能作用。

（一）使组织获得正确的反馈

职业锚是员工经过搜索，所确定的长期职业贡献区或职业定位。这一搜索定位过程，依循着员工的需要、动机和价值观进行。所以，职业锚清楚地反映出员工的职业追求与抱负。

（二）为员工设置可行有效的职业渠道

职业锚准确地反映员工职业需要及其所追求的职业工作环境，反映员工的价值观和抱负。透过职业锚，组织获得员工正确信息的反馈，这样，组织才可能有针对性地对员工职业发展设置可行的、有效的、顺畅的职业渠道。

（三）增长员工工作经验

职业锚是员工职业工作的定位，不但能使员工在长期从事某项职业中增长工作经验，同时，员工职业技能也能不断增强，直接产生提高工作效率或劳动生产率的明显效益。

（四）为员工做好奠定中后期工作的基础

之所以说职业锚是中后期职业工作的基础，是因为职业锚是员工在通过工作经验的积累后产生的，它反映了该员工价值观和被发现的才干。当员工抛锚于某一种职业工作过程中时，就是自我认知的过程，就是把职业工作与自我价值观相结合的过程，开始决定成年期的主要生活和职业选择。

对于大学生来说，职业锚理论在职业生涯规划和就业选择过程中也有非常积极的作用：

(1) 帮助认识自我。认识自我的方法有很多，比如职业测试等。寻找并确定职业锚，实际上也是个人自我真正认知的过程——认识自己具有什么样的能力、才干，自己最需要的是什么，职业价值观是什么，通过不断地反省和整合达到自己职业生涯的最佳状态。

(2) 确定职业目标。大学生在进行职业生涯规划时，可以通过分析自己的职业生涯系留点，确定自己的职业方向，对自己今后的职业发展道路进行有针对性的设计和准备，并通过参加相应的培训、学习、实践，为职业生涯的成功奠定基础。

(3) 选择职业方向。大学生完成学业临近毕业时，会面临很多种选择：继续深造抑或直接就业？是在外资企业还是国营大企业？是先求立足再求发展还是先赚钱还债其余免谈？……运用职业锚的理论和观点，我们能够逐步明确自己最想、最希望得到的东西，从而确定自己近一段时期内的奋斗重心。

四、探索自己的职业锚

职业锚是个人早期职业发展过程中逐步确立的职业定位。在职业锚的选定或开发中，职员个人起着决定性作用。

（一）提高职业适应性

一般而言，新雇员经过认识、塑造、重新规划自我等诸多职前准备，经过一定的科学的职业选择，进入企业组织，这本身即代表了该雇员个人对所选择职业有一定的适合性。但是这种适合性，仅是初步的，是主观的认识、分析、判断和体验，尚未经过职业工作实践的验证。

职业适应性是职业活动实践中验证和发展了的适合性。每个人从事职业活动，总是处于一定的物质环境和心理环境之中。个人从事职业的态度，受到诸多主客观因素的影响，例如，个人对工作的兴趣、价值观、技能、能力、客观的工作条件、福利情况，他人和组织对自己工作的认可及奖励情况，人际关系情况，以及家庭成员对本人职业工作的态度等。个人的职业适应性就是能尽快习惯、调适、认可这些因素，也就是雇员在组织的具体职业活动中，使职业工作性质、类型和工作条件与个人需要和价值目标融合，使自身在职业工作生活中获得最大的满足。职业适应的结果能保证雇员个人在较长一段时间内从事某种职业活动，而且能保证雇员在职业活动中有较高的效率，有利于雇员个性的全面协调发展。因此，雇员由初入组织的主观职业适合，通过职业活动实践，转变为职业适应的过程，即是雇员搜寻职业锚或开发职业锚的过程。职业适应性是职业锚的准备或前提基础。

（二）借助组织的职业计划表，选定职业目标，发展职业角色形象

职业计划表是一张工作类别结构表，是将组织所设计的各项工作分门别类地进行排列，形成一个较系统反映企业人力资源配给情况的图表。雇员应当借助职业计划表所列职工工作类别、职务升迁与变化途径，结合个人的需要与价值观，实事求是地选定自己的职业目标。一旦瞄准目标，就要根据目标工作职能及其对人员素质的要求有目的地进行自我培养和训练，使自己具备从事该项职业的充分条件，从而在组织内树立良好的职业角色形象。

职业角色形象，是雇员个人向组织及其工作群体的自我职业素质的全面展现，是组织或工作群体对个人关于职业素质的一种根本认识。职业角色形象构成主要有两大要素：一是职业道德思想素质，通过敬业精神、对本职工作热爱与否、事业心、责任心、工作态度、职业纪律、道德等来体现；二是职业工作能力素质，主要看雇员所具有的智力、知识、技能是否胜任本职工作。雇员个人应当从上述两个主要的基本构成要素入手，更好地塑造自己的职业角色，为自己确定职业锚创造条件，打好基础。

（三）培养和提高自我职业决策能力和决策技术

自我职业决策能力，是一种重要的职业能力。决策能力大小、决策正确与否，往往影响整个职业生涯发展乃至一生。在个人的职业发展过程中，特别是职业发展转折关头，例如，首次择业、选定职业锚、重新择职等，对掌握职业决策能力和决策技术十分重要。所以，个人在选择、开发职业锚之时，必须着力培养和提高职业决策能力。

所谓自我职业决策能力，意指个人习得的用以顺利完成职业选择活动所需要的知识、技能及个性心理品质。具体到要培养和提高个人如下几方面的职业决策能力：①善于搜集相关的职业资料和个人资料，并对这些资料进行正确的分析与评价；②

制定职业决策计划与目标，独立承担和完成个人职业决策任务；③在实际决策过程中，不是犹豫不决、不知所措、优柔寡断，而是有主见性，能适时地、果断地做出正确决策；④能有效地实施职业决策，能够克服计划实施过程中的种种困难。

职业决策能力运用于实际的职业决策之时，需要讲求决策技术，掌握住决策过程。首先，搜集、分析与评价各项相关职业资料及个人资料，这一工作即是几种职业选择途径的后果与可能性的分析和预测。其次，对个人预期职业目标及价值观进行探讨。个人究竟是怎样的职业价值倾向？由此决定的职业目标是什么？类似的问题并非每个人都十分清楚。现实当中，经常会发现价值观念不清、不确定的情况。所以，澄清、明确和肯定个人主观价值倾向与偏好当为首要，否则无法做出职业决策。最后，在上述两项工作的基础上，将主观愿望、需要、动机和条件，与客观职业需要进行匹配和综合平衡，经过权衡利弊得失，确定最适合、最有利、最佳的职业岗位。这一决策选择过程，是归并个人的自我意向，找到自己爱好的和擅长的东西，发展一种将带来满足和报偿的职业角色的过程。

个人在进行职业规划和定位时，可以运用职业锚思考自己具有的能力，确定自己的发展方向，审视自己的价值观是否与当前的工作相匹配。只有个人的定位和要从事的职业相匹配，才能在工作中发挥自己的长处，实现自己的价值。尝试各种具有挑战性的工作，在不同的专业和领域中进行工作轮换，对自己的资质、能力、偏好进行客观的评价，是使个人的职业锚具体化的有效途径。

第四节　其他主要理论

一、克朗伯兹生涯社会学习理论

在职业生涯规划的理论领域，20 世纪六七十年代，克朗伯兹（Krumboltz）和同事们一起对高中学生作了一连串的研究，于 1979 年出版了《社会学习理论和生涯决定》一书，综合了心理与社会两者对个人职业生涯规划的影响。他们将行为学派的班杜拉创立的社会学习原理运用于职业生涯规划指导中，来探讨职业生涯决策中社会、遗传与个人因素对职业决策的影响。

（一）主要观点

1. 影响个人职业生涯的四种因素：克朗伯兹认为，职业发展过程错综复杂，受许多因素交互作用的影响，其中最主要有四种因素影响个人职业生涯决策。

(1) 遗传素质和特殊能力：个人得自于遗传的一些特质，在某些程度内限制了个人对职业或学校教育选择的自由。这些因素包括种族、性别、外在的仪表和特征等。

某些个人的特殊能力也会影响其在环境中的学习经验，伴随这些学习经验而来的兴趣与技能，对个人未来的职业选择将具有相当密切的关系。个人的特殊能力包括智力、音乐能力、美术能力、动作协调能力等。

(2) 环境条件与特殊事件：个人所接受的教育与训练、家庭背景、社会政策、社会变迁等非个人所能控制的因素，以及个人职业选择的具体领域等。家庭背景则包括父母所从事的职业及社会经济地位、父母的教育水准，以及家庭结构、父母期望等因素。

(3) 学习经验：克朗伯兹认为，每个人有独特的学习经验，这在决定其职业生涯的路径时扮演重要的角色作用；凡是成功的生涯规划、生涯发展和职业或教育所需的技能，均能够通过学习经验而获得。

(4) 工作定向技能：即在上述各种因素的交互作用下，个人所获得的解决问题的技能、工作习惯、认知过程、情绪反应等，这些技能又会影响其他各项因素。

2. 各种影响因素之间交互作用的结果：个人在上述四种因素及其交互作用的影响下，通过经验的累积与提炼，产生如下结果。

(1) 自我认识的形成。这是指对自己各种表现的评估与推论，包括成就、兴趣、爱好、职业价值观等。评估的参照对象，也可能依据其他人的表现。他们均是学习的结果，亦为职业选择的关键。

(2) 世界观的形成。同样，基于自己的学习经验，个人也会对环境及未来的事物作出评估与推论，特别是在职业的前途与展望方面。

(3) 工作定向技能。包括适应环境的认知、操作能力与情感反应，以及自我评估与对未来事件的预测能力，其中与职业选择有重要关系的则包括价值观念的澄清、目标的决策、寻找不同的解决途径、收集资料、预测、计划等。

(4) 行动。个人综合以前所有的学习经验、自我与环境的推论，以及具备的各种能力，并将这些引入到未来事业发展的途径。

(二) 生涯社会学习理论在职业生涯规划中的应用

(1) 从以上分析可知，生涯犹豫现象主要是由于个人缺乏有关生涯的学习经验，或者是由于个体尚未学到系统而有步骤的生涯决策方法所致。因此，对生涯方向的把握不定是缺乏某种学习经验的结果，个人没有必要为此愧疚或抑郁，可以通过更多的学习，扩充自己的经验。

(2) 当发现个人的自我观、世界观存在偏差，或工作定向技能不足时，可以通过自我启发、自我观察、环境重组等认知重组治疗法，调整个人的自我观与世界观；并通过实际探索、角色扮演与模拟活动、各种书面的或视听材料，以及电脑模拟等多种方式，提供各种学习与探索经验，来培养工作定向技能。

这一理论已形成系统的步骤和方法，可供职业生涯规划指导者据以设计适当的训练计划，培养个人自我评估与进行决策的能力，尤其对个人内在认识过程的探讨更具实用性。它在个人职业生涯规划的试探期具有很强的指导作用。

二、认知信息加工理论概述

认知信息加工理论认为生涯发展就是看一个人如何做出生涯决策以及在生涯问题解决和生涯决策过程中如何使用信息的。

1991 年，盖瑞·彼得森（Gary Peterson）、詹姆斯·桑普森（James Sampson）、罗伯特·里尔登（Robert Reardon）合著了《生涯发展和服务：一种认知的方法》（Career Development and Services: A Cognitive Approach）一书，阐述了这一认知信息加工的方法（简称 CIP）。

（一）理论假设

(1) 生涯选择以认知与情感的交互作用为基础；

(2) 进行生涯选择是一种问题解决活动；

(3) 生涯问题解决者的能力取决于知识和认知操作；

(4) 生涯问题解决是一项记忆负担繁重的任务；

(5) 生涯决策要求有动机；

(6) 生涯发展包括知识结构的持续发展和变化；

(7) 生涯认同取决于自我知识；

(8) 生涯成熟取决于一个人解决生涯问题的能力；

(9) 生涯咨询的最后目标是促进来访者信息加工技能的发展；

(10) 生涯咨询的最终目的是增加来访者作为生涯问题解决者和决策制定者的能力。

（二）理论核心

1. 信息加工金字塔模型

该理论把生涯发展与咨询的过程视为学习信息加工能力的过程。该理论的提出者按照信息加工的特性构成了一个信息加工金字塔。位于塔底的领域是知识的领域，包括自我知识和职业知识。中间领域是决策领域，包括了沟通－分析－综合－评估－执行五个阶段。最上层的领域是执行领域，也称为元认知，元认知是一个人所具有的关于自己思维活动和学习活动的知识及其实施的控制，是任何调节认知过程的认知活动，即是任何以认知过程与结果为对象的知识（Fulavell，1978），包括自我言语、自我觉察、控制与监督。如图 3-4 所示。

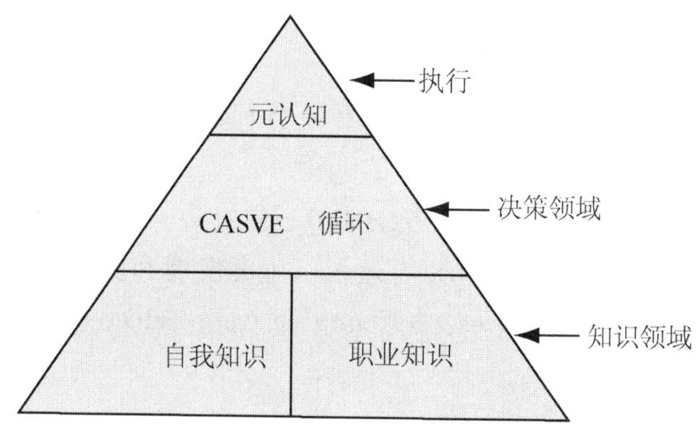

图 3-4　信息加工金字塔模型

2. CASVE 循环

该理论认为，知识领域相当于计算机的数据文件，需要我们进行存储。决策领域是计算机的程序软件，让我们对所存储的信息进行加工处理。执行领域相当于计算机的工作控制功能，操纵电脑按指令执行程序。决策技能可以通过学习五阶段循环模型获得。如图 3-5 所示。这五个阶段如下：

（1）沟通（确认需求）：个人开始意识到问题的存在；

（2）分析（将问题的各组成部分相互联系起来）：对所有的信息进行分析；

（3）综合（形成选项）：个人形成可能的解决方法并寻求实际的解决方法；

（4）评估（评估选项）：评估每种选项的优劣，评出先后顺序；

（5）执行（策略的实施）：依照选择的方案做出行动。

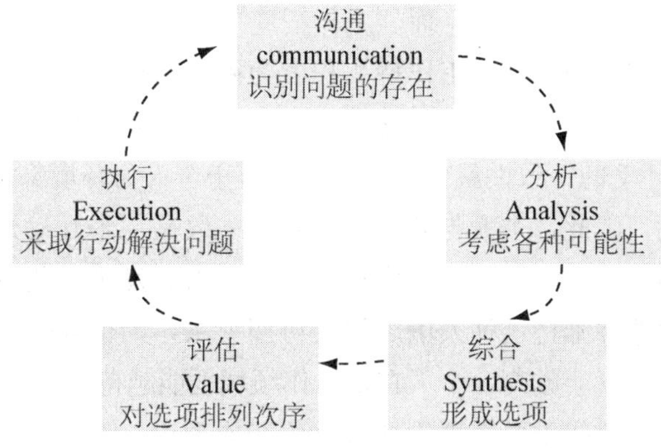

图 3-5　CASVE 循环

（三）理论在生涯咨询上的应用

金字塔模型可以作为了解生涯发展的一个框架，决策技能的五阶段循环可以有助于学习制定生涯决策的技能。在生涯咨询中，可以针对金字塔模型中的每一个方面，使用相应的咨询策略和方法。

使用该理论进行咨询包括以下几个步骤：

（1）与来访者建立关系和收集信息的初始访谈；

（2）确定来访者是否对问题解决和职业决策做好准备的初步评估；

（3）确定问题和分析原因；

（4）与来访者共同形成咨询目标；

（5）帮助来访者形成个人学习计划（与来访者一起列出一系列可供其使用的活动和资源）；

（6）要求来访者执行他们的个人计划。

认知信息加工金字塔模型为咨询师提供了帮助来访者的理论框架，决策制定的五阶段循环模型可用于发展来访者问题解决的能力，生涯决策能力的获得可以被视为是一种学习策略。该模型不同于其他理论的地方还在于其强调了元认知在生涯问题解决中的作用。促进元认知的发展也是该理论用于咨询所强调的重要方面。

三、明尼苏达工作适应论

工作适应论由明尼苏达大学的戴维斯与罗圭斯特（Dawis，England & Lofquist）于 1964 年提出，重点关注就业后的适应问题。理论认为，每个人都会努力寻求个人与环境之间的一致性，而“工作适应”就是指个人为了能维持此一致性所做的努力，以在同一职位上的工作持久程度为衡量指标。当工作环境能满足个人的需求（个人“内在满意”），而个人亦能够满足工作的技能要求（达到“外在满意”）时，个人与环境的一致性就较高。但是，由于个人与环境都是发展变化的，相互之间会产生影响，因此，个人与环境之间是否一致是一个互动过程的产物，而不是一成不变的，随着时间的推移，工作和个人的需求会发生变化或调整。如果个人或雇主能够努力创造并维持这种人境之间的协调关系，则个人的工作满意度和雇主对其员工的满意程度就会越高，个人在该工作领域也能越持久发展。

除以上理论外，比较重要的理论还有地位获取理论、心理需求理论、心理动力论、社会认识论、叙事疗法等，在此不作一一介绍。

第四章　自我探索

自我就像一座藏书丰富的图书馆，不时常翻阅其中的珍藏，就会被蛛网灰尘覆盖；心灵犹如一座富饶的矿山，不去挖掘开采，就会在沉寂中长满荆棘。无论是以认识人类自身为目标的心理学也好，还是中国传统文化中“知己知彼，百战不殆”的大智慧也好，都在反复强调一个观点：了解自我。如果我们对自己没有一个客观的认识，又如何选择一条适合自己发展的人生道路呢？自我探索是客观了解自我的必经过程，人生只有在不断的自我探索中，才能找寻到真正的自我。作为当代医药类大学生，学会探索自我、开发自我的方法及科学自测的手段，充分了解自己潜在的优势及具备的利于专业发展的特长，就会增值自己的能力，将来一定能够成为专业领域的佼佼者。

第一节　认识自我

“我是谁?”、“我是一个怎样的人?”、“我喜欢做什么?”、“我擅长做什么?”这些问题我们可能在不经意间经常会自问，但可能很少有人会认真对待，很少有时间认真回答。然而这些看似常见的问题，却关系着我们的人生，关系着对我们自身的认识。古希腊有句哲学名言：“人啊，认识你自己。”虽然简短，却铿锵有力，听来令人振聋发聩。确实，在人生旅途中，面临重大抉择时，只有那些善于认识自我的人，才能准确把握自己的发展方向。

一、自我探索与职业发展

职业选择与发展是人生重大课题之一。特质因素论创立者帕森斯早在20世纪初期就提出了职业选择的三大任务：正确了解自己、了解外部世界和职业决策。而其中，认识自我是第一位的，是职业选择与发展的前提和基础。因此，如果不能在职业问题上正确认识自我，就很难选择适合自己的职业发展道路，进而必然会影响今后人生道路的顺利发展。对于每个人而言，认识自我就需要进行自我探索，并通过自我探索形成统合的职业自我概念。职业自我概念由职业心理学家舒伯（Super）最先提出，指的是个人主体自我概念在职业选择和职业发展上的反映。具体到职业选择和发展中，就是主体的我对涉及与自己职业选择和职业发展有关因素的认识，包括影响个人职业选择和发展的自我各个方面（价值观、兴趣、性格、能力等）。心理学家泰德曼（Tideman）在舒伯的基础上继续进行了研究，指出职业自我概念是个体在与社会接触的过程中对自我发展进行不断反省的结果，当职业自我概念定型时，职业定向也就形成了。同时，职业自我概念是一个发展的范畴，是在自我探索的过程中逐渐形成的。因此，在一定程度上，职业发展的过程，同时就是职业自我概念形成的过程。而统合的职业自我概念的形成与个人对不断进行自我探索紧密相连。正是从这个角度来说，自我探索是职业选择和发展的前提和根基。

什么是自我认识呢？在心理学上，自我是一个独特的、持久的同一身份的我，主要包括作为认知对象的我和行为主宰者的我。认识自我属于自我意识范畴，它包括自我觉察、自我认识、自我分析、自我评价等。我们也可以试图从“我是谁”、“我从哪里来”、“我要到哪里去”三个问题入手来进行说明。

第一个问题：我是谁？包括物质自我、社会自我和精神自我三个部分。

物质自我是对自己生理状况如身高、体重、形态，以及住房、财产、衣物和装饰等的认识。一个人对自己的外貌长相、服饰打扮的定位和评价是物质自我的认识反应。这一部分有形的“自我”可以说是每个人对于“自我”最直接的感受和理解；社会自我是对自己在社会关系、人际关系中的角色、地位、作用和权力等的认识和体验。社会自我使个体在社会化过程中得以发展和成长；精神自我是自我认识中最核心的部分，它是对“我”的内部主观存在的认识，是自身心理特征如兴趣、动机、价值观、能力、气质、性格等的认识。

第二个问题：我从哪里来？包括自己的籍贯、家庭状况，自己的学历、阅历、现有知识储备、能力如何、社会地位和社会资源等。

第三个问题：我要到哪里去？包括对自己未来的人生设计。如，自己希望在情感上、经济上、社会成就上达到什么样的目标，以及实现目标的具体方法。

正确认识自我是一个人迈向成功职业生涯的第一步，一个人如果无法充分认识自己，所有的努力都可能只是符合他人的期待和要求，而与自己的内心状态不符。因此，只有通过自我探索了解自己的内在需求，个人的潜能才会得以充分发挥。

二、自我探索的维度和方法

自我探索是一个复杂、渐进、终身的过程。自我探索的复杂性、渐进性、终身性决定了我们必须要从多个方面采用多种方法对自我进行分析和了解。了解自我探索的维度和方法的理论性认识，对于我们科学认识自我具有非常重要的作用。

（一）自我探索的维度

职业自我概念包括了个体对自我各个方面的认识，因此，自我探索也需要从多个方面来进行，其中既包括个体的一些人口学特征、外显特征，如，性别、年龄、体貌特征等，也包括个体心理特性，如，性格、兴趣、价值观等。

1. 生理我

生理我就是个人对自己的生理属性的意识，包括对自己的身体特征和生理状况的认识，如，意识到自己的高矮、胖瘦、美丑、黑白、力量的大小、体质的强弱健全等内容。生理我是一个人把自我和非我区别开来，意识到自己的生存是寄托在自己的躯体上的。生理我是自我中最基本的内容，是其他自我内容的基础，它也是在自我形成过程中最早形成的内容，认识自我最早是从认识生理我开始的。

2. 心理我

心理我是指一个人对自己的心理属性的意识，包括对自己的感知、记忆、思维、价值观、性格、能力、兴趣、需要等方面的意识，它使人认识到自己的心理特征和心理倾向。意识到自己的观察力强不强、记忆力好不好、自己的思维是敏捷还是迟钝、自己的情绪是容易激动还是比较稳定、自己的性格是内向还是外向、自己对什么事感兴趣、自己的信念理想是什么、自己的能力优势等，都是心理我的内容。心理我是职业自我的核心内容，也是自我探索的重点领域，它对一个人的职业选择和职业发展都起到至关重要的作用。

3. 社会我

社会我是指个人对自己社会属性的意识，是对自己在社会和集体中的地位、他人对自我的期望的认识，包括个人对自己在各种社会关系中的角色、地位、权利、义务等的意识。社会我是由历史、文化、社会造成的。例如，一位教师，在学校里，他要意识到自己是一位教师，要教书育人，有教师的责任与义务；在家里，他可能是丈夫和父亲，他要意识到做丈夫和父亲的责任与义务。

（二）自我探索的方法

在古希腊帕尔纳索斯山南麓阿波罗神庙的一根巨大的石柱上，刻着苏格拉底的一句名言“认识你自己”，卢梭称这一碑铭“比伦理学家们的一切巨著都更为重要，更为深奥”。那么我们应该如何进行自我探索，并认识自我呢？

1. 通过与别人的比较来认识自己

一个人对自己价值的认识，是通过与他人的能力和条件的比较而获得的。在与他人比较的过程中，应注意比较的参照系和立足点。其一，跟别人比较的应该是行动后的结果，而不应该是行动前的条件；其二，跟别人比较要有标准，而且标准应该是相对标准而不应该是绝对标准，应该是可变的标准而不是不可变的标准，例如，一个人的容貌与出身是不可更改的，若以此为标准同别人比较是没有意义的；其三，比较的对象应该是与自己条件相类似的人。此外，大学生要努力拓宽生活范围，增加生活阅历，积极参加社会实践和社交活动，这样会有助于我们找到正确的参照系来了解自己。

2. 通过自我比较来认识自己

与过去的自己相比，自己是进步了、成熟了，还是退步了、又犯错误了；与理想中的自我相比，自己还有哪些差距等。前者可以发现自己的成绩和进步，提高自尊和自信；后者可以明确努力的方向，进一步完善自我，但是要注意理想中的自我要切合自己的实际。

3. 通过分析他人对自己的评价来认识自我

从他人的态度和情感中认识自己，明确自我。一个人对自己的认识难免有偏差，因此，有必要根据他人的评价、他人对自己表现出的言行态度来认识自己。他人的评价就像一面镜子，正如古语所说“以人为鉴，可以明得失”。需要注意的是，正如镜子不一定能反映事物的本来面目一样，别人对你的评价，由于受多种因素的影响，不一定是完全正确的，所以，不能把别人的评价和态度作为唯一的衡量标准，还要充分结合其他有关信息进行综合评价。

4. 通过内省来认识自我

了解自己最重要的是时时刻刻不忘自我反省，随时检视自己的言行举止与内在思维，这是一种个体直接认识自己的方法。我们既是心理活动的主体，又是心理活动的对象。我们通过内省可以了解到自己的智力、情绪、意志、能力、气质、性格和身体条件等特点，内省也是自我意识形成的重要途径之一。在认识自己的过程中，我们一定要注意客观、全面、辩证地看待自己，形成正确的自我意识，真正地了解自己，并以此来选择适合自己的发展道路。

5. 通过自己的活动表现和成果来认识自我

自我的各个方面都是在具体事件中表现和反映的，大学生可以通过对自己的学习、文学、艺术、体育、社会工作、人际交往等各方面的能力和成效加以自我认识，获得关于自己能力、意志、兴趣和投入角度等多方面的信息，进而对自己加以评价，但注意不要把成就和成绩作为评价自己价值的唯一尺度。

6. 认识自己的窗口

心理学家提出了一个“周一哈利窗口”理论，把自我分为四个部分：公开的领域、盲目的领域、隐秘的领域、未知的领域，见图 4-1。

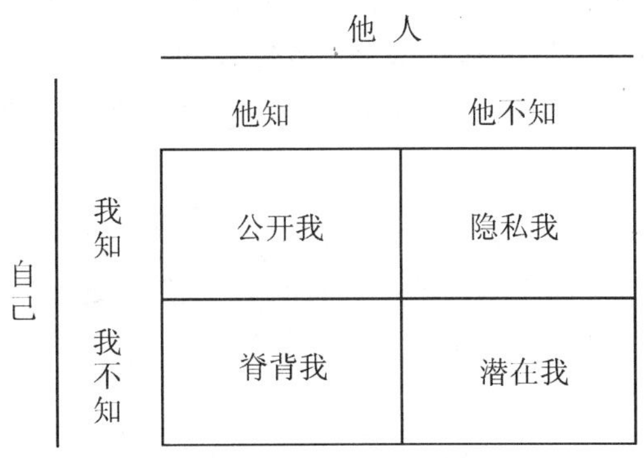

图 4-1　周一哈利窗口

公开我：代表自己和别人都了解的部分，对初次交往的朋友而言，这个区域就可能很小；对于自己的父母，这个区域可能就变得很大，这个区域的大小视对方对你所了解的多寡而异。

脊背我：代表这是自己看不清楚而别人却一目了然的部分，也就是所谓的个人盲区（盲目的领域），通常是我们不自觉的瑕疵或怪僻、习惯等缺点。有自知之明、常常自我反省的人，这个区域比较小。虚心接受师长与亲友指点是缩小盲区的有效捷径。

隐私我：代表个人很清楚而隐密，他人不了解的部分，我们对自己的秘密、弱点都不愿让别人知道（隐秘的领域），因为暴露这个部分可能使自己受到伤害或鄙视，唯有当我们很信任对方不会出卖、伤害自己的时候，才会开放自己的隐藏区。

所以，这个区域的大小视个人对他人的信任程度而定，愈信任别人的人，我们的隐藏区就愈小。

潜在我：代表自己和别人都不清楚的部分，这个区域有多大是个未知数，经过自己的省思或特殊的际遇，我们可能会突然间有所顿悟，发现自己的潜能或潜藏的一些特质，有些部分需要通过心理咨询、测验工具来开发，有些部分可能是永远都不会察觉的。

上述四个部分，重点是了解“潜在我”和“脊背我”这两部分。“潜在我”是影响一个人未来发展的重要因素。因为每个人都有巨大的潜能，许多研究都表明，人类平常只发挥了极小部分的大脑功能，如果一个人能够发挥一半的大脑功能，将能轻易地学会40多种语言，背诵整套百科全书。前苏联著名心理学家奥托指出：“一个人所发挥出来的能力，只占他全部能力的4%。”控制论的奠基人N. 维纳指出：“可以有把握地说，每个人即使他是做出了辉煌成就的人，在他的一生中利用他自己的大脑潜能还不到百亿分之五。”由此可见，认识与了解“潜在我”，是自我认识的重要内容之一。

“脊背我”是准确对自己进行评价的重要方面。如果一个人诚恳地、真心实意地对待他人的意见和看法，就不难了解“脊背我”。当然，这需要开阔的胸怀、正确的态度和有则改之、无则加勉的精神，否则，就很难听到别人的真实评价。

7. 心理测试法

心理测试法是通过回答有关问题来认识自己、了解自己。测试题目是由心理学家们经过精心研究设定的，只要如实回答，就能大概了解自己的有关情况。这是一种简便易行的自我剖析方法。国内外常用的几种测试方法有人格测试、智力测试、能力测验、职业倾向测验。为了最大限度地发挥心理测评的效用，首先，应该选用一个较为权威的心理测量工具；其次，是在做测验的过程中，一定要按自己的真实想法填答；最后，应该选择一个安静没有干扰的环境确保测试准确性。

第二节 价值观

简单地说，价值观就是“某些对你来说很重要或你很想要的东西”。价值观带来目的感，它像星星一样指引个人到生命空间内的某些地方。这里是生命意义的中心，需要得到满足的地点以及兴趣得以表达的场所。因此，在职业选择与发展中，价值观是根基，关系到回答“我为什么要工作”的根本性问题。明确价值观之前，要梳理一个人的心理需求。

一、心理需求与动机

（一）马斯洛的需求层次理论

马斯洛在 1954 年提出需求层次理论，将人的欲望和需求分为五种等级，即生理需求、安全需求、爱与归属需求、自尊需求、自我实现需求，见图 4-2。

1. 生理需求

在这个世界上，每个人要想生存，必须有最基本的生理需要的满足，包括食物、饮水、住所、睡眠等，即通常所说的衣食住行。这些生理性的需要在人的所有需要中是占绝对优势的。人们工作首先就是要满足生理的需要。

2. 安全需求

一个人如果生理需要得到了相对充分的满足，那么，他就会产生新的安全需要，具体包括安全、稳定、依赖和免受恐吓、焦躁与混乱的折磨以及对体制、法律、秩序、界限的依赖等。对职业生涯的选择，大多都希望寻求一个安全、稳定的工作环境。

3. 爱与归属需求

在生理需要和安全需要得到满足后，每个人都希望与人们有一种感情深厚的关系，渴望在社会和家庭中有自己的位置，渴望爱与归属。人们工作除了满足生理与安全的需要外，就希望在工作中有归属感，和同事愉快相处，对单位有向心力。

4. 自尊需求

马斯洛认为，除了少许病态的人，社会上绝大多数人都渴望受到尊重，包括外界对自我的尊重与自己对自我的尊重，相对来说，自己对自我的尊重更重要一些。自己对自我的尊重即是自尊。自尊需要的满足是指由于实力、成就、优势、用途等自身内在因素而形成的个人面对外界时的自信、独立。外界对自己需要的满足，则是地位、声望、荣誉、威信等外界较高评价的获得。自尊需要的满足可以获得一种自信的情感，使人们体验到自己在世界上的价值。而一旦此类需要受挫，人们就会产生自卑、无能的感觉。有一份相对稳定的工作和收入，特别是能够获取成功的职业生涯，对自己的价值感就会提高。

5. 自我实现需求

“自我实现”也就是一个认识自己的潜力发挥的倾向，成为自己所能够成为的那种最独特的个体，使自己成为自己想成为的那种人。一个人在其他基本需要都得到满足后，自我实现的需要便开始突出。这时候他会很乐意去工作，对他而言，工作不是为生活所迫，不是为了金钱，也不是为了获取荣誉，而是一种兴趣。这时候你确确实实是以工作为乐，而不是以工作为负担。

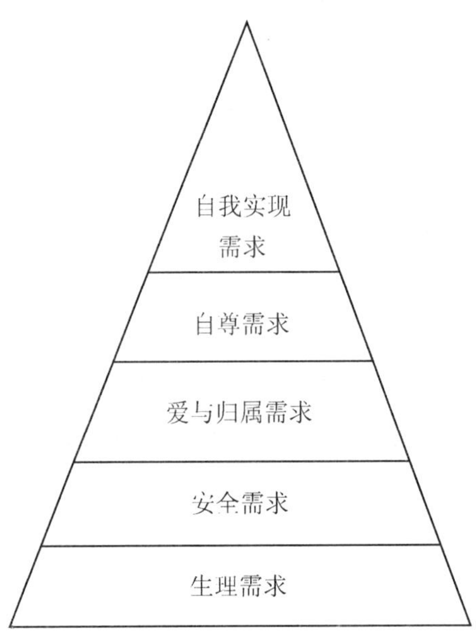

图 4-2　马斯洛的需求层次

职业生涯的选择与规划总是面临着种种的取舍与挣扎。要继续深造，还是要就业？做行政，还是做业务？人们常常会被一串串的疑问所困扰，因此，要想取得职业生涯的成功，首先要弄清楚：我的心理需求是什么？

（二）需求层次问卷

马斯洛需求层次问卷共 15 题，请依据自己真实感受，凭直觉作答。

是否

□□1. 我希望我所拥有的物质能满足基本生活所需。

□□2. 我希望能免于饥饿与寒冷。

□□3. 我希望能有足够的睡眠。

□□4. 我希望生命能免于受到威胁。

□□5. 我希望能在安全的环境下工作。

□□6. 我希望工作能稳定。

□□7. 我希望与家人、朋友维持良好的关系。

□□8. 我希望与同事和睦相处。

□□9. 我希望对公司有向心力。

□□10. 我希望同事间彼此尊重。

□□11. 我希望对公司的贡献能得到上司的肯定。

□□12. 我希望工作能在自己的能力范围之内。

□□13. 我希望工作能发挥我的潜力。

□□14. 我希望工作能有成就感。

□□15. 我希望处理事情能胜任愉快。

答“是”1分，答“否”不计分（见表4-1）。

表4-1　马斯洛需求层次问卷得分

题号	需求层次	得分
1～3	生理需要	
4～6	安全需要	
7～9	爱与归属需要	
10～12	自尊需要	
13～15	自我实现需要	

（三）关于需求层次的几个问题

这是关于心理需求层次的几个问题，你可以试着自己回答，或与朋友共同作答，然后一起分享、讨论，收获将更为丰富。

问题一：你同意需求层次论的五大需求吗？

问题二：你对五大需求的顺序赞同吗？

问题三：你觉得哪些需求对你而言是不重要的？

问题四：你目前的工作或角色能满足你哪些需求呢？

问题五：对你而言，何种需求最重要？为什么？请举例说明。

问题六：以上问卷的哪一部分你得分最高？

问题七：以上问卷的哪一部分你得分最低？

问题八：以上的问卷能反映你的需求层次吗？

问题九：你的需求层次是否曾经改变过？

二、价值观与职业选择

价值观是影响个人职业选择的重要因素之一，众多科学研究和经验都表明，个体总是倾向于选择那些能满足其价值观追求的工作。一份职业越能满足个人的价值需求，个人对职业的满意度就会越高，职业稳定性也越高。价值观作为一种对事物的态度和信念，决定了人们对职业的期望，影响着人们对职业方向和职业目标的选择。比如，20 世纪 80 年代以前的青年人，把“国家发展”放在最高位置，为了这份崇高的理想，他们在择业时很少计较物质利益，甚至服从组织需要，做一颗好种子，哪里需要就在哪里生根发芽。再比如，一个十分重视从家庭获得幸福感，认为维持家庭幸福是每个家庭成员责任的人，在择业时就会选择那些可以兼顾家庭生活的工作。

不同的职业可以满足不同价值需求。比如，科学家可以满足人的社会声望、成就、稳定、自主、挑战性等价值需求，但不能满足权力、经济、休闲等价值需求；自由撰稿人能满足人的审美、成就、自主等需求，但对经济、安定、升迁等价值需求则难于满足；而清洁工除了能满足人的利他、稳定的价值需求外，经济、社会地位、成就、工作环境、升迁、休闲等价值需求都很难满足。

从理论上来说，价值观的差异不分“好”或“坏”，而且价值观也无法预测事业能否成功。比如，以“社会促进”为主要价值追求的人，并不一定比以“家庭维护”为主要价值追求的人更好，或可能事业更成功。但对于学生而言，确实存在一些“不良”的价值追求。

（1）过分着眼于薪酬及其他福利。求职时把福利待遇放在首位，并且作为考虑取舍的唯一标准，这种情况并不鲜见。以这样的价值观为主导，忽略了职业合适与否的其他条件，弊处显而易见。

（2）期望工作性质多样化、趣味化。期望从职业中获得乐趣，这是职业内在价值的体现。然而，如果过分追求工作对心理乐趣的满足，则容易走向极端。目前大学生因为工作会涉及一些琐碎的内容，厌倦一些重复性的劳动而忽略了这份工作的其他意义，片面要求工作多变且乐趣无限是不现实的。

（3）要求工作有充足的自由和自主。在越来越看重个人表现的时代背景下，很多大学生都要求工作有充足的自主性，有足够的空间自我表现，因此对于那些需要从基础做起、从向他人学习做起、从按他人要求做起的工作不屑一顾。无疑，这同样有碍于大学生职业生涯的发展。

（4）一味希望工作提升技能。对于职业的成就实现目的要求过高，希望工作能够明显提升个人技能，所以一味强调用人单位给予培训、晋升，表现得过于急功近利。其实职业技能的提升是个逐步的过程，有时是在无形中发生的，并非一定要脱产培训才能达到，关键还是在于个人是否在日常工作中努力用心学习。

三、职业价值观探索

价值观在职业选择上的体现就是职业价值观（vocational value），是人们对待职业的一种信念和态度，或是在职业生活中表现出来的一种价值取向。工作价值观可以反映出个人价值观。人们在选择职业时，个人的择业标准和对具体职业的评价集中反映了他们的职业价值观。例如在择业过程中，有的人追求丰厚的收入，有的人希望奋斗到较高的社会地位，有的人喜欢工作环境轻松愉快，有很多大学生将能充分发挥自己的才能作为择业的第一标准。

对职业价值观和工作价值观的研究是职业生涯规划的基础。认识到你思想中最根深蒂固的价值，是理解工作中什么样的特征才能给你满足的第一步。如果你在职业生涯中找到了自己的价值观，那你的工作就会变得更有意义、有目的；如果你的工作没有使你得到满足，生活本身就会变得乏味和令人烦闷。

四、职业价值观澄清

下面我们通过几个测试了解自己的价值取向。

1. 职业价值观清单

职业价值观清单列出了主要的价值观，个人可以根据清单项目评估自己最看重的价值。比如，在以下项目中选择你认为最重要的项目，并将所选项目按照重要程度排序：

_______工作保障_______有美感的工作_______薪金优厚_______工作内容多样化

_______个人发展_______独立地工作_______涉及体能运动_______运用创造力

_______威望_______有归属感_______冒险_______休闲充裕

______成就感______良好的环境______发挥个人才能______晋升机会

______权利______自由______有意义的工作______人际关系良好

______和别人一起工作______文化身份认同

2. 完成句子的游戏

完成句子游戏同样是自我评估价值观的好方法，可以根据需要，设计相应的未完成句子，要求个人依据自己的真实想法和具体情况填写完整。整个填写的过程就是考查的过程，比如：

价值观	句子
____________	我做得最好时是当我____________
____________	我父母最希望我____________
____________	最能和我一起工作的人是这样的______
____________	我最关注的是____________
____________	假如我能改变自己一样东西，那将会是______
____________	我最常幻想的是____________

3. 生涯拍卖会

在“生涯拍卖会”游戏中，每个人持有象征一生的时间和精力的道具——货币若干，主持人展示拍卖品——价值观的象征，成员投标，价高者得。团体成员期望获得的拍品往往与实际获得的拍品不一致。有时会因为在某一件物品上花费过多，无法拍得所有想要的拍品；有时会因为失误错失了想要的拍品，最后只能拍下无人问津的东西；有时甚至因为目标设定错误、拍卖时犹豫不决，最后只得两手空空。

生涯拍卖游戏可以让我们了解自己主要的价值取向，懂得他人的价值观可能对自己造成的影响，并且懂得如何为了实现主要的人生价值，进行选择与放弃。

拍卖的东西如表 4-2，每一样东西的底价都是 2 000 元，每人总共有 10 000 元钱。

1. 爱情	2. 帮助他人	3. 友情
4. 健康	5. 声望	6. 亲情
7. 美貌	8. 财富	9. 精湛的技艺
10. 爱心	11. 自由	12. 理想的事业
13. 知识	14. 权利	15. 安全感

你最初打算买进的五样东西是（并排序）：________________

你最终能买进的东西是：________________

你的花费为：________________

用一句话概括出本次活动结束后你的感受：________________

第三节　兴　趣

一、什么是兴趣

兴趣是指个体力求认识、掌握某种事物，并经常参与该种活动的心理倾向，或者说，兴趣是一个人积极探究某种事物的心理倾向。人的兴趣是在需要的基础之上、在活动之中发展起来的，而且，它还是推动人们去寻求知识和从事活动的巨大的内在动力。一个人在从事自己感兴趣的活动时，注意力会更加集中，思维会更加活跃，行为会更为持久稳定，并能产生愉快的心理状态。

按照兴趣的不同内容，我们可以将其分为表现在对衣食住行、生活环境与条件的追求之上的物质兴趣和对学习、研究等认识活动的追求之上的精神兴趣。按照兴趣所指向的目标，它又可以分为对活动过程表现出来的直接兴趣和对活动结果表现出来的间接兴趣。由于个体之间存在差异，个人的兴趣也表现出很大的不同。这不仅有兴趣内容上的区别，也有兴趣范围和兴趣持久性上的明显差异。

诺贝尔物理学奖获得者丁肇中说："兴趣比天才重要。"确实，在生活中可以发现，如果一个人对某类活动有强烈的喜好，就会乐此不疲。俗话说"萝卜白菜，各有所爱"，每个人的喜好不同，就会有不同的选择。兴趣是影响一个人职业选择和发展非常重要的情感性倾向因素之一。有时候，人们常常将兴趣与价值观混淆起来。兴趣指的是个人为了快乐或享受而做的事情，价值观则是某些对个人来说很重要或很想要的东西。兴趣指向活动，价值观指向目标。

人的兴趣在广度、深度、稳定性和效能方面所表现出的不同特点叫兴趣的品质。具体如下：

1. 兴趣的广阔性

兴趣的广阔性是指兴趣范围大小而言。有些人兴趣广泛，对什么都感兴趣，琴棋书画样样都乐于探求；有的人兴趣就比较单一，范围非常狭窄。

2. 兴趣的中心性

兴趣的中心性是指兴趣的深度。人不可能对所有的事物都抱有浓厚的兴趣，而只是对某些方面特别感兴趣，因此，只有广阔的兴趣与中心兴趣相结合，才能促使人更好地发展。否则，什么都知道又什么也不深入，浅尝辄止，博而不专，这样的人很难有大发展。

3. 兴趣的稳定性

兴趣的稳定性是指兴趣的持久与稳固程度。人与人之间的差异很大，有的人能长期地对他们从事的工作或研究的问题保持浓厚的兴趣，无论在工作中遇到什么困难都能加以克服，因此，在事业上能取得成功。

4. 兴趣的效能性

兴趣的效能性是指兴趣对活动产生的效果大小的品质。凡是能促使人积极主动地学习和工作，并产生明显效果的都是积极的有效能的兴趣。

二、霍兰德的类型说

在20世纪70年代初期，美国心理学家霍兰德（Holland）开始提出一些新的思考兴趣的方法。霍兰德认为，兴趣仅仅是另一种描述人格特质的方法，人格被认为是兴趣、价值观、需要、技能、信念、态度以及学习风格的综合体。就职业选择来说，兴趣是人格中最重要的部分，是匹配人与职业的依据。

霍兰德认为人格可以分为六类，职业环境也分成相应的六类，人格与职业环境相匹配是形成职业满意度、成就感的基础。归结起来六类职业兴趣的特点如下，大家可以根据自己的感觉初步判断一下自己在哪些方面兴趣比较高。

（1）现实型（practical）：属于技术与运动取向，往往身体技能及机械协调能力较强，稳健、务实，喜欢从事规则明确的活动及技术性工作，喜欢亲自动手创造新事物，通常不善言谈，对于人际交往及人员管理、监督等活动不太感兴趣。

（2）研究型（investigative）：喜欢理论思维或偏爱数理统计工作，对于解决抽象性问题具有极大的热情，倾向于通过思考、分析解决难题，而不一定落实到具体操作，喜欢具有创造性、挑战性的工作，不大喜欢固定形式的任务，不大喜欢对人员的领导和人际交往，独立倾向明显。

（3）艺术型（art）：对具有创造、想象及自我表现空间的工作显示出明显偏好，对于结构化程度较高的任务及环境都不大喜欢，对于机械性及程式化的工作无兴趣，比较喜欢独立行事，好自我表现，重视自己的感性，直觉力较好，情绪变化较大。

（4）社会型（social）：喜欢以人为对象的工作，言语能力优于数理能力，善于言谈，乐于与人相处，给人提供帮助，具有人道主义倾向，责任心也较强，习惯于与人商讨或调整人际关系来解决面临的问题，不大喜欢以机械和物品为对象的工作，适合从事咨询、培训、辅导、说劝类工作。

（5）企业型（enterprising）：喜欢制订新的工作计划、事业规划以及设立新的组织，并积极地发挥组织的作用，喜欢影响、管理、领导他人，自信，支配欲强，爱冒险，不喜欢具体、精细或需要长时间集中心智的工作。

（6）事务型（conventional）：喜欢高度有序、要求明晰的工作，对于规则模糊、自由度大的工作不大适应，不喜欢主动决策，习惯于服从，一般较忠诚、可靠、偏保守，与人工作中的交往会保持一定的距离，工作仔细、有毅力，对社会地位、社会评价比较在意，通常愿意在大型机构做一般性工作。

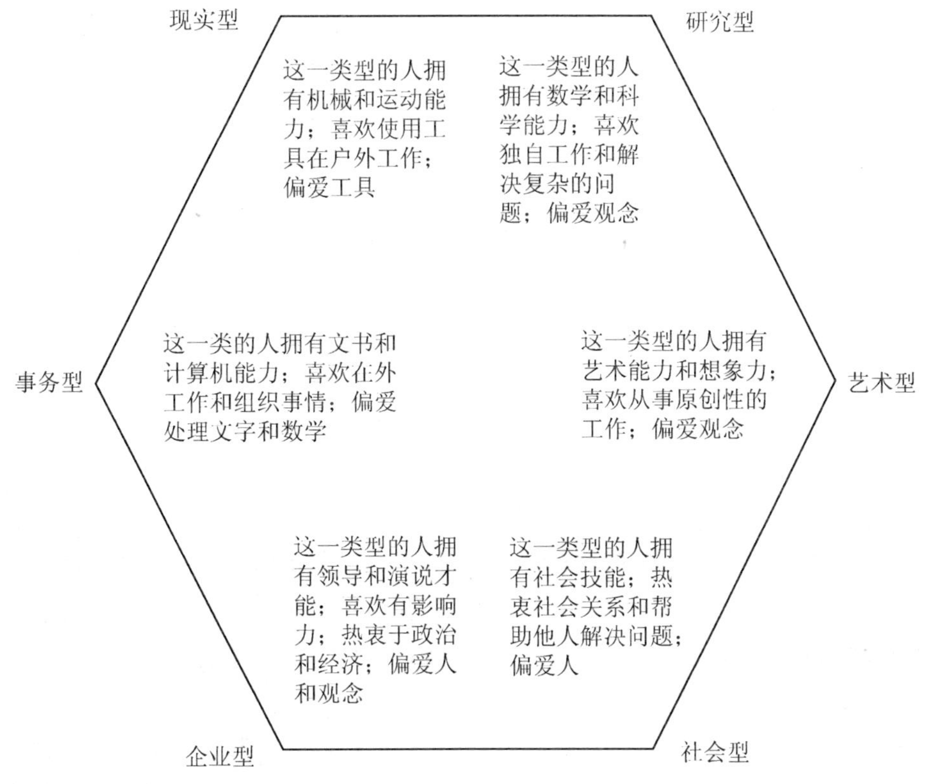

图 4-3　PIASEC 六角模型

观察图 4-3 中的六角模型，可以让我们对霍兰德的类型说有更深入的了解。首先，你会注意到，在六角形上相邻的两类职业兴趣通常有一些共同点，比如，现实型和研究型，共同点是都喜欢独立工作、对工作过程有耐心。其次，你会发现，在六角形上离得最远的两项共性最少。如现实型和社会型，事务型和艺术型。如果你希望以研发工程师作为长期的职业发展选择，“研究”、“现实”取向应该比较高才好。如果你希望做一个服装设计师，“艺术”、“现实”取向不能低。如果你在大学时代是个十分热衷社团活动的人，“社会”取向通常比较高，如果还喜欢客串节目主持人一类的工作，则可能“艺术”取向也不低。

职业兴趣是职业选择时需要考虑的一个重要因素，但不是唯一的。现实的机会已经形成的职业积累也很重要，不过可以肯定的是早一些分析自己的职业兴趣，对未来的职业发展一定有积极的作用。

三、兴趣在职业活动中的作用

当人的兴趣对象指向职业活动时，就形成了人的职业兴趣，职业兴趣主要是答“我喜欢做什么”的问题。职业兴趣对人的职业活动有着重要的影响。一份适合自己兴趣的工作常常能够给自己带来愉悦感、满足感。在选择职业时，人们总将自己是否对此有兴趣作为考虑因素之一。从感到有趣开始，到逐渐地形成更稳定、持久的乐趣，进而再与自己的奋斗目标相结合，形成有着明确方向性和意志性的志趣，这是人的兴趣发展的过程。从事自己感兴趣的职业活动时，人们可以激发出强烈的探索和创造的热情，可以在良好的体能、智能、情绪状态之下从事有意义的职业活动，激发自己全身心地投入而感觉心甘情愿。从事自己感兴趣的职业活动可以使人比较容易适应变化的职业环境，可以使人在追求职业目标时表现出坚定而恒定的意志力。可见，职业兴趣是个人在进行职业设计时必须考虑的重要因素之一。

因此，大学生应该努力培养自己多方面的兴趣爱好，并且注意培养自己的中心兴趣，努力发展自己的专长，从而使自己的兴趣爱好有明确的方向性，在进行职业选择时可以既有一个较广的适应范围，又有一个确定的指向，同时只有将能力和兴趣结合起来考虑，才更有可能取得职业的适应和成功。李开复关于兴趣的五点建议可供同学们参考：选你所爱；爱你所选；把握每一个选择兴趣的机会；忠于自己的兴趣；找到最佳结合点。

总之，对个人来说，如果从事有兴趣的工作，就会更加努力，而有努力就会出成就。从某种意义上甚至可以说，兴趣比能力更重要。具体来说，兴趣对人们的职业活动的影响主要表现在以下三个方面：

1. 兴趣是人们职业选择的重要依据

正像人们在日常生活中喜欢参加自己感兴趣的活动一样，具有一定兴趣类型的个人更倾向于寻找与此有关的职业，特别是在外界环境限制较小时，人们都会选择自己感兴趣的职业。因此，对个人的兴趣类型有了正确的评估后，就有可能预测或帮助人们进行职业选择。

2. 兴趣可以增强人的职业适应性

兴趣可以通过工作动机促进个人能力的发挥，兴趣和能力的合理结合会大大提高工作效率。研究表明：如果一个人从事自己感兴趣的职业，就会发挥他的全部才能的80%～90%，而且长时间保持高效率却不感到疲劳；而对所从事工作没有兴趣的人，只能发挥其全部才能的20%～30%。

3. 兴趣在某些情况下具有决定性作用

由于兴趣的本质特征所决定，兴趣影响一个人的工作满意度和稳定性，在某些情况下，如不考虑经济因素，甚至具有决定性作用。一般来说，从事自己不感兴趣的职业很难让人感到满意，并由此会导致工作的不稳定。

【小资料】

我从法学系转入计算机系

找到自己真正的兴趣、爱好，并不是一件很容易的事，有时还要经过很多反复和波折。不过，一旦发现了兴趣所在，每个人都可以在激情的推动下走向成功。拿我自己来说，我读高一的时候一心想做个数学家，刚进入大学时又打算当一名出色的政治家，可直到大二时我才逐渐发现，自己无法全身心地喜爱数学和政治，学习成绩也只在中游徘徊。与此同时，我接触并喜欢上了计算机，每天疯狂地编程，很快引起了老师和同学的注意。终于，在大二的一天，我做了一个重大的决定：放弃此前一年多在全美前三名的哥伦比亚大学法律系已经修成的学分，转入哥伦比亚大学默默无闻的计算机系。我告诉自己，人生只有一次，不应浪费在没有乐趣、没有成就感的领域。当时也有朋友对我说，做一个没有激情的工作将会付出更大的代价。那一天，我心花怒放、精神振奋，我对自己承诺，大学后三年的每一门功课都要拿A。如果不是那天的决定，今天的我就不会在计算机领域取得这样的成就；如果不是那天的决定，今天的我很可能只是美国某个小镇上一名既不成功又不快乐的律师。

第四节　性　格

性格是指人对客观现实稳定的态度和与之相适应的习惯化了的行为方式。就如同有的人习惯用右手、有的人习惯用左手一样，现实生活中的人也会表现出不同的性格特点：有的人处世谨慎、深思熟虑；有的人活泼开朗、活动能力强；有的人认真负责、言行一致；有的人夸夸其谈、文过饰非……

性格的形成是一个长期的、复杂的过程，不但受遗传因素的影响，更是一个人生活环境和生活经历的反映。尽管心理学家对性格的研究和分类有不同的方法，但是总体来说，生活中每个人的性格都是综合的。当某一种性格倾向表现得比较突出时，就集中表现出某一方面的性格特征。性格具有一定的恒定性，即在相近的情形下，人的态度和行为有一致性。性格也是可以改变的，人可以在一定程度上修正和重新塑造自己的性格。

一、性格与职业选择

中国古代教育家孔子非常重视性格在一个人事业发展中的作用。鲁国大夫季康子曾向孔子打听他几个得意门生的才干。季康子问子路可否从政，孔子说，子路个性相当果敢，如果从政，恐怕他过刚易折；季康子又问子贡可否从政，孔子说子贡把事情看得太清楚，如果从政，恐怕他是非太明；季康子又问冉求是否可以从政，孔子说冉求名士气太浓，也不适合从政。可见，一生仕途坎坷的孔子，已经对个人性格对事业发展带来的影响有了深刻的认识。

人的性格类型与职业之间具有一定相关性：一方面是不同的性格类型适应不同的职业要求；另一方面是从事某种特定职业的人员，会按照职业的要求不断巩固或者调整原有的性格特征，甚至影响职业原有的一些特点。但是，性格与职业间并不存在严格的对应关系，任何对性格与职业关系的固定、静止、片面的看法都是失之偏颇的。不同性格类型的人在同一职业领域中能够有各具特色的表现，同一性格的人在不同的职业领域中也会有各自魅力的展示。比如，情绪型的人，如果从事文学创作，会因感情丰富细腻而将人物的心理活动刻画得惟妙惟肖；如果从事科学研究，则会因善于想象而在非逻辑思维上比理智型的人更胜一筹。

二、职业性格探索

关于性格的话题，在人类社会已经持续了几千年。而对于职业性格的探索也已发展出许多不同的方法，其中目前应用最广泛的是基于荣格（Jung）心理类型理论的“梅尔·布瑞格斯心理类型指标”（Myer—Briggs Type Indicator，MBTI）。该理论根据四组维度、八个向度将人的性格分为16种类型。

1. 外向—内向（Extraversion-Introversion，简称E-I），是指我们与世界相互作用的方式和能量的疏导方式

外向型的人心理能量指向外部世界，与他人在一起的时候感到兴奋，希望成为注意的焦点，愿意与他人共享个人信息，先行动后思考；内向型的人心理能量指向内部世界，喜欢独处，不愿意成为注意的焦点，只与少数人共享个人信息，先思考后行动。

2. 感觉—直觉（Sending-Intuition，简称S-I），是指接受信息的方式

感觉型的人注意和留心事物的细节，用感官接受信息；直觉型的人相信灵感，从整体上看事物。

3. 思维—情感（Thinking-Feeling，简称T-F），是指做决策的方式

思维型的人崇尚逻辑、公正，通过事实和数据做出决策，很少把个人感情牵涉到决定中去；情感型的人通过个人的价值观和感受做出决定，注重人际和睦。

4. 判断—知觉（Judging-Perceiving，简称J-P），是指日常生活方式

判断型的人先工作后玩，确立目标并按时完成，注重结果，通过完成任务获得满足；知觉型的人如果有时间就会先玩后工作，有新情况时便改变目标，注重过程，通过接触新事物获得满足。

对于以上四个维度加以两两组合，便可以得到16种性格类型。每个人通过专门的问卷、测试，可以了解自身的性格特点，从而选择适合自己性格类型的职业，这就是该理论的指导思想。下面简要列出16种性格类型的特点和适合的职业类型，仅供参考。

（1）内向感觉思考判断型（ISTJ）：安静、严肃，可专注且透彻地学习；实际，有责任感；有逻辑性，并一步步地朝着目标前进，不易分心；重视传统和忠诚。较适合做会计师、账务核查员、工程师、财务经理、警察、技师等。

（2）内向感觉情感判断型（ISFJ）：安静、友好、有责任感和良知，坚定地致力于完成他们的义务，全面、勤勉、精确，忠诚、体贴，关心他人的感受。较适合做健康工作者、图书馆员、服务性工作者、教师等。

（3）内向直觉情感判断型（INFJ）：寻求思想、关系、物质等之间的意义和联系；希望了解什么能够激励人，对人有很强的洞察力；有责任心，坚持自己的价值观；对于怎样更好地服务大众有清晰的愿景；在对于目标的实现过程中有计划而且果断坚定。较适合做艺术工作者、神职人员、音乐家、心理医师、教师、作家等。

（4）内向直觉思考判断型（INTJ）：在实现自己的想法和达成自己的目标时，有创新的想法和非凡的动力；能很快洞察到外界事物间的规律并形成长期的远景计划；一旦决定做一件事就会开始规划并直到完成为止；多疑、独立，对于自己和他人的能力和表现的要求都比较高。较适合做电脑分析师、工程师、法官、律师、工程人员、科学家等。

（5）内向感觉思考知觉型（ISTP）：灵活、忍耐力强，是个安静的观察者，有问题发生，就会马上行动，找到实用的解决方法；分析事物运作的原理，能从大量的信息中很快地找到关键的症结；对于原因和结果感兴趣，用逻辑的方式处理问题，重视效率。较适合做手工艺者、建筑工程师、机械工作者、统计人员等。

（6）内向感觉情感知觉型（ISFP）：安静、友好、敏感、和善；喜欢有自己的空间。喜欢能按照自己的时间表工作；对于自己的价值观和自己觉得重要的人非常忠诚，有责任心；不喜欢争论和冲突；不会将自己的观念和价值观强加到别人身上。较适合做文书工作者、建筑工作者、音乐家、户外工作者、油漆工作者等。

（7）内向直觉情感知觉型（INFP）：理想主义者，对于自己的价值观和自己觉得重要的人非常忠诚；希望外部的生活和自己内心的价值观是统一的；好奇心重，很快能看到事情的可能性，使其成为实现想法的催化剂；适应力强，灵活，善于接受，除非是有悖于自己的价值观的。较适合做艺术工作者、娱乐工作者、编辑、心理学家、社会工作者、作家等。

（8）内向直觉思考知觉型（INTP）：对于自己感兴趣的任何事物都寻求找到合理的解释；喜欢理论性的和抽象的事物，热衷于思考而非社交活动；安静、内向、灵活，适应力强；对于自己感兴趣的领域有超凡的集中精力解决问题的能力；多疑，有时会有点挑剔，喜欢分析。较适合做艺术工作者、电脑分析师、工程师、科学家、作家等。

（9）外向感觉思考知觉型（ESTP）：灵活、忍耐力强，实际，注重结果；觉得理论和抽象的解释非常无趣；喜欢积极地采取行动解决问题；注重当前，自然不做作，享受与他人在一起的时刻；喜欢物质享受和时尚；学习新事物最有效的方式是通过亲身感受和练习。较适合做账务核查员、工匠、警察、销售人员、服务性工作者。

(10) 外向感觉情感知觉型（ESFP）：外向、友好、接受力强。热爱生活、人类和物质上的享受；喜欢和别人一起将事情做成功；在工作中讲究常识和实用性，并使工作显得有趣；灵活、自然不做作，对于新的任何事物都能很快地适应；学习新事物最有效的方式是和他人一起尝试。较适合做儿童保育员、采矿工程师、秘书、督导等。

(11) 外向直觉情感知觉型（ENFP）：热情洋溢、富有想象力，认为人生有很多的可能性；能很快地将事情和信息联系起来，然后很自信地根据自己的判断解决问题；总是需要得到别人的认可，也总是准备着给予他人赏识和帮助；灵活、自然不做作，有很强的即兴发挥能力，言语流畅。较适合做演员、咨询师、记者、音乐家、公关人员等。

(12) 外向直觉思考知觉型（ENTP）：反应快、睿智，有激励别人的能力，警觉性强、直言不讳；在解决新的、具有挑战性的问题时机智而有策略；善于找出理论上的可能性，然后再用战略的眼光分析；善于理解别人；不喜欢例行公事，很少会用相同的方法做相同的事情，倾向于一个接一个地发展新的爱好。较适合做演员、记者、行销人员、摄影师、销售人员等。

(13) 外向感觉思考判断型（ESTJ）：实际、现实主义；果断，一旦下决心就会马上行动；善于将项目和人组织起来将事情完成，并尽可能用最有效率的方法得到结果；注重日常的细节，有一套非常清晰的逻辑标准，有系统性地遵循，并希望他人也同样遵循；在实施计划时坚定而有力。较适合做督导者、行政人员、财务经理、经理、推销人员等。

(14) 外向感觉情感判断型（ESFJ）：热心肠、有责任心、易合作；希望周边的环境温馨而和谐，并为此果断地执行；喜欢和他人一起精确并及时地完成任务；事无巨细都会保持忠诚，能体察到他人在日常生活中的所需并竭尽全力帮助；希望自己和自己的所为能受到他人的认可和赏识。较适合做美容师、健康工作者、办公人员、秘书、教师等。

(15) 外向直觉情感判断型（ENFJ）：热情、为他人着想、易感应、有责任心；非常注重他人的感情、需求和动机；善于发现他人的潜能，并希望能帮助他们实现；能成为个人或群体成长和进步的催化剂；忠诚，对于赞扬和批评都会积极地回应；

友善、好社交；在团体中能很好地帮助他人，并有鼓舞他人的领导能力。较适合做演员、咨询顾问、咨询师、音乐家、教师等。

（16）外向直觉思考判断型（ENTJ）：坦诚、果断，有天生的领导能力；能觉察到公司或组织程序和政策中的不合理性和低效能性，发展并实施有效和全面的系统来解决问题，善于做长期的计划和目标的设定；通常见多识广，博览群书，喜欢拓展自己的知识面并将此分享给他人；在陈述自己的想法时非常强势有力。较适合做行政人员、律师、经理、行销人员、工程人员等。

MBTI 类型理论为大学生了解自己的职业性格开启了一扇窗口，据此开发的 MBTI 测验量表，目前在职业指导中被广泛应用。

三、识别你的职业性格

阅读下面每一对描述（见表 4-3），选择其中在大多数情况下最像你的一个，你必须设想最自然状态下的自己，你在没有别人观察下的举止。

表 4-3 职业性格测试

第一部分：关于你精力的描述，哪一种模式更适合你，是 E 还是 I？

E	I
喜欢行动和多样性	喜欢安静和思考问题
喜欢通过讨论来思考问题	喜欢在讨论之前先进行独立思考
采取行动迅速，有时不做过多的思考	在没有搞明白之前，不会很快地去做一件事
喜欢去观察别人是怎样做事的，喜欢一个人看到工作的结果	喜欢理解这项工作的道理，喜欢一个人或很少的几个人干事
很注意别人是怎么看自己的	为自己设定标准

第二部分：下面是一些处理信息的方式，其中哪一种模式与你更接近，是 S 还是 N？

S	N
主要是通过过去的经验本身去处理信息	主要是通过分析事实所反映出的意义以及两者之间的逻辑关系去处理信息
愿意用眼睛、耳朵和其他感官去察觉、感受事物	喜欢用想象去发现新的做事方法和新的可能性

续表

S	N
讨厌出现新问题，除非存在标准的解决方法	喜欢解决新问题，讨厌重复地做同一件事
喜欢用已会的技能去做事，而不愿意学习新东西	与其说练习旧技能，不如说更愿运用新技能
对于细节很有耐心，但当出现复杂情况时则开始失去耐心	对细节没有耐心，但不在乎复杂的情况

第三部分：下面是描述你作决定的方式，其中哪一种模式更接近你，是 T 还是 F？

T	F
喜欢根据逻辑决策	喜欢根据个人感受和价值观决策，即使它们可能不符合逻辑
愿意被公正和公平地对待	喜欢被表扬，喜欢讨好他人，即便在不太重要的事上也是如此
可能会不知不觉地伤害别人的感情	了解和懂得别人的感受
更关注道理或事情本身，而非人际关系	能够预计到别人会如何感受
不需要和谐	不愿看到争论和冲突，珍视和谐

第四部分：下面是描述你日常生活的方式，其中哪一种模式更接近你，是 J 还是 P

J	P
喜欢预先制订计划，提前把事情落实和决定下来	喜欢保持灵活性，避免做出固定的计划
总想让事情按“它应该的样子”进行	轻松地应付计划外的和意料外的突发事件
喜欢先完成一件工作后，再开始另一件	喜欢开始许多项工作，但是总不能完成它们
对人和事的处置一般很果断，可能过快地做出决定	在处理人和事时，总愿意收集更多的信息，可能做决定太慢
按照不轻易地改变的标准和日程表生活	根据问题的出现而不断改变计划

这四个部分中，哪些类型更接近你？圈出适当的字母，你的职业性格的四个字母为：________。对照 MBTI 十六种性格类型了解自己适合的职业。

第五节 能力倾向

职业生涯辅导专家认为，能力倾向是一种特殊的专长，或者是个体所具有的获得这项专长的能力，也可以看作从事某项工作的倾向或能力。能力是直接影响活动效率，使活动顺利完成的个性心理特征。能力包括一般能力和特殊能力，它们对从事任何职业都是必要的。由于不同职业有不同的能力要求，了解自己的能力倾向，对于选择符合自己能力倾向的职业十分重要。

一、职业能力分析

（一）智力与职业

智力是指人认识、理解客观事物并运用知识和经验解决问题的能力，是人们在学习、工作和日常生活中必须具备、广泛使用的能力。智力是能力的核心部分，某些职业对从业者的智力水平有绝对的要求，智力在相当大程度上决定了所要从事的职业类型。比如，西方心理学中一般规定智商 140 以上者为天才，有关追踪研究表明，被确定为“天才”的人大多从事科学、文化方面的职业，并取得相当大的成就。对一般职业而言，智力的制约作用虽不那么明显，但不同的职业对人的智力均有一定的要求。但是，智力并不是决定所从事职业的唯一因素，因为每种职业除了对智力的一般要求外，皆对特殊能力有所要求。

（二）特殊职业能力

随着社会分工的发展，人们从事的职业领域日益扩大，每种职业对人的特殊能力的要求也不一样。加拿大《职业分类词典》把职业能力分为十一种，包括智力和十个基本的特殊能力，每种特殊能力都有与之相适应的职业或职业类型，下面对十种特殊能力做一一介绍。

1. 语言表达能力

是指对语词及其含义的理解和使用能力。言语能力较强的人除了阅读迅速、善于抓住中心、善于把深奥难懂的概念用通俗浅显的语词进行解释外，还善于表达自己的观点。教师、播音员、记者、服务人员、护士等职业对这种能力要求较高。

2. 算术能力

这是指迅速准确地进行数学演算的能力。此种能力强的人一般数学成绩较好，心算、笔算能力均较强，统计人员、测量员、会计等职业要求有较强的计算能力；对于法官、律师、护士、X线技师等职业来说，要求工作者具备中等水平的计算能力；对于演员、话务员、导游、厨师等职业，对算术能力要求则较低。

3. 空间判断能力

这是指看懂几何图形、对空间关系的理解力。此种能力较强的人能较好地解决立体几何方面的问题。司机、医生、建筑师、绘图员等职业对此种能力要求较高。

4. 形态知觉能力

这是指对物体或图形的有关细节能做出正确知觉的能力。此种能力较强者善于发现物体和图形的细微差异，注意到为多数人所忽略的细节。画家、生物学家、建筑师、测绘员、农业技术人员、医生、理发师等职业对此种能力要求较高。

5. 职员能力

这是指对言语或表格的材料具有精细知觉的能力。此类能力强者能迅速而准确地抄写资料、发现计算机错误等。经济学家、统计师、办公室秘书、打字员、记账、出纳员等必须具备这种能力。

6. 动作协调能力

这是指迅速准确和协调地做出精确的动作与运动反应的能力。驾驶员、飞行员、运动员、舞蹈演员等职业对这种能力要求较高。

7. 手指灵活能力

这是指迅速而准确地活动和操作小物件的能力。纺织工、打字员、裁缝、外科医生、五官科医生、乐师、雕刻家等此种能力要求颇高。

8. 手的灵活能力

这是指手灵巧而迅速地活动的能力。牙医、兽医、画家、书法家、细木工等职业对此种能力要求颇高。

9. 眼、手、足协调能力

是指根据视觉刺激，手足配合活动的能力。

10. 颜色分辨能力

是指观察或识别相似或相异的色彩，或对相同色彩明暗效果的感知能力，包括识别色彩、识别调和色或对比色以及正确配色的能力。

在各种职业中，都需要上述十种能力，只不过对它们的发展水平要求不同而已。

二、能力与职业吻合的原则

在能力结构中，智力只能作为职业决策最初的参考因素，要进行合理的职业决策，必须把智力与特殊能力结合起来考虑，个体之间的能力差异是显而易见的，心理学界一般把人的能力差异概括为以下三个方面：

1. 能力的水平差异

也就是个体能力发展程度上的差异，比如，能力低下，能力一般，天才。

2. 能力的类型差异

指个体能力发展方向上的差异，比如，有人擅长计算，有人擅长社交。

3. 能力发展的年龄差异

有研究表明，创造力发展的最佳年龄段，化学家是 26～36 岁，数学家是 30～39 岁，心理学家是 32～39 岁，声乐工作者是 30～34 岁，诗歌创作者是 25～29 岁，绘画工作者是 32～36 岁，医学工作者是 30～39 岁。

一般来说，能力类型水平的差异对职业有较明显的影响。在选择职业时，应考虑个人的最佳能力或能力群，选择最能运用能力的职业。

三、职业能力倾向测验

1. 你的心理适应能力

心理适应能力是指一个人在心理上适应周围环境的能力，它同人的智力有关，同时也是其他各种个性特征的综合反映。心理适应能力强的人，在遇到各种复杂、紧张、危险的情况时，仍能泰然处之，发挥乃至超水平地发挥自己原有的能力。心理适应能力差的人，一遇到特殊情况就焦急万分，不知所措，甚至表现失常。其实，人在生活中难免会遇到各种意想不到的情况，如果平时不注意心理适应能力锻炼，一旦遇到突如其来的打击和挫折，便会穷于应付，甚至手足无措。

下面几道题可以帮助你自测心理适应能力的强弱。每道题都有五个答案，你可以根据自己的情况，选择一种，然后按照后面的评分标准进行评分。

(1) 假如把每次考试试卷拿到一个安安静静、无人监考的房间去做，我的成绩一定会好一些。

(很对 对 无所谓 不对 很不对)

(2) 夜间走路，我能比别人看得清楚。

(是 好像是 不知道 好像不是 不是)

(3) 每次离开家到一个新的地方，我总爱闹点毛病，如，失眠、拉肚子、皮肤过敏等。

(完全对 有些对 不知道 不太对 不对)

(4) 我在正式运动会上取得的成绩比体育课或平时练习成绩好些。

(是 似乎是 吃不准 似乎不是 正相反)

(5) 我每次明明已把课文背得滚瓜烂熟了，可是在课堂上背的时候，总要出点差错。

(经常如此 有时如此 吃不准 很少这样 没有)

(6) 开会轮到我发言时，我似乎比别人更镇定，发言也显得很自然。

(对 有些对 不知道 不太对 正相反)

(7) 我冬天比别人更怕冷，夏天比别人更怕热。

(是 好像是 不知道 好像 是 不是)

(8) 在嘈杂、混乱的环境里，我仍能集中精力地学习、工作，效率并不大幅度降低。

(对 略对 吃不准 有些不对 正相反)

(9) 每次检查身体，医生都说我"心跳过速"，其实我平时脉搏很正常。

(是 有时是 时有时无 很少有 根本没有)

(10) 如果需要的话，我可以熬上个通宵，精力充沛地学习或工作。

(完全同意 有些同意 无所谓 略不同意 不同意)

(11) 当父母或兄弟姐妹的朋友来家做客时，我尽量回避他们。

(是 有时是 时有时无 很少是 完全不是)

(12) 出门在外，虽然吃饭、睡觉、环境等变化很大，可是我很快就能习惯。

(是 有时是 是与否之间 很少是 完全不是)

(13) 参加各种比赛时，赛场群众越加油，我的成绩反而越上不去。

(是 有时是 是与否之间 很少是 完全不是)

(14) 上课回答问题时或开会发言时，我镇定自若地把事先想好的一切都完整地说出来。

（对　略对　对与不对之间　略不对　不对）

（15）我觉得一个人做事比大家一起干效率高些，所以，我愿意一个人做事。

（是　好像是　是与否之间　好像不是　不是）

（16）为了求得和睦相处，我有时常放弃自己的意见，附和大家。

（是　有时是　是与否之间　很少是　根本不是）

（17）当着众人和生人的面，我感到很窘迫。

（是　有时是　是与否之间　很少是　根本不是）

（18）无论情况多么紧迫，我都能注意到该注意的细节，不爱丢三落四。

（对　略对　对与不对之间　略不对　不对）

（19）和别人争吵起来时，我常常哑口无言，事后才想起该怎样反驳对方，可是已经晚了。

（是　有时是　是与否之间　很少是　不是）

（20）我每次参加正式考试或考核的成绩，常常比平时的成绩更好些。

（是　有时是　是与否之间　很少是　不是）

以上20道题的记分方法：凡单号题，从第一到第五种回答依次记1、2、3、4、5分；凡双号题，从第一种到第五种回答依次记5、4、3、2、1分。

全部20题得分之和与心理适应性的关系如下：

81～100分，适应性极强；61～80分，适应性较强；41～60分，适应性一般；21～40分，适应性较差；0～20分，适应性很差。

2. 你的工作能力

下面五类自我测试题是用来检验你工作能力强弱程度的，符合自己情况的打“√”，反之打“×”，每题1分。

精力集中吗？

（1）听别人说话时常常心不在焉。

（2）工作（学习）时，往往急于想干另一项工作（学习）。

（3）一有担心事便终日萦绕在心。

（4）工作（学习）时，常常想起毫不关联的事。

（5）工作（学习）时，总觉时间过得太慢。

（6）被别人指责时的情景始终不会忘记。

（7）有时忙这忙那，什么都想干似地度过一天。

(8) 想干的事情很多，却不能专心干一件事情。

(9) 开会时，常常哈欠不断。

(10) 说话时，有时会无意识地说起其他的事情。

(11) 等人时，感到时间长得很。

(12) 对刚看完的书（笔记）会重新读好几遍。

(13) 读书不能持续两小时以上。

(14) 做一件事，时间长了就会急躁地希望早点完成。

(15) 工作（学习）时，很清楚周围人的说话声。

(把“×”相加得分)

转化能力怎样?

(1) 发生不愉快的事情不易忘却。

(2) 有麻烦难办的事情，总是记挂在心。

(3) 常常阅读相同性质的图书。

(4) 如果改换不同的服装会浑身不自在。

(5) 交往的伙伴大多是志趣想法一致的人。

(6) 对参加会议和文娱活动不积极。

(7) 往往执著于芥末小事。

(8) 其性格不适宜做连续不断的工作。

(9) 时时注意他人的言行。

(10) 喜欢把众多的事情集中起来处理。

(11) 与比自己年轻的人共同语言较少。

(12) 与性格不同的人不大说话。

(13) 不喜欢受时间表的约束。

(14) 过去和现在，都不大改变兴趣和爱好。

(15) 对频繁调换各种交通工具感到疲倦。

(把“×”相加得分)

有开拓能力吗?

(1) 上床后立即入眠。

(2) 对要紧的事立即做记录，忘记其他的事情。

(3) 常常直言不讳地说出自己的想法。

(4) 对某事产生兴趣后，往往从理论上探讨其原因。

(5) 与人交往时畅所欲言。

(6) 经常遗忘一些小事。

(7) 比一般人会玩儿。

(8) 听到音乐便兴致勃勃。

(9) 早晨醒来总是精力充沛。

(10) 有业余爱好，经常进行体育活动。

(11) 遇到头疼的事并不怎么烦恼。

(12) 喜欢唱歌跳舞。

(13) 妥善解决问题后往往会有解脱感。

(14) 从不胸痛和胃痛。

(15) 因为容易遗忘小事，养成记笔记的习惯。

(把“√”相加得分)

灵敏程度如何?

(1) 喜欢专心一项工作（学习）。

(2) 基本上和同一伙伴交往。

(3) 不喜欢扩大工作和爱好的范围。

(4) 喜欢按惯例办事，不愿标新立异。

(5) 常被人说是头脑固执的人。

(6) 不喜欢与思考方法、生活方式不同的人一起研究工作。

(7) 不大愿意接受与自己不同的意见。

(8) 不大喜欢改变生活环境。

(9) 工作（学习）不按部就班便感到不满意。

(10) 对新领导不能很快熟悉。

(11) 被吩咐做不愿意做的事情会束手无策。

(12) 不大喜欢托人办事。

(13) 不大喜欢耍小聪明。

(14) 对突发事件不能马上适应。

(15) 不喜欢同时做不同的事情。

(把“×”相加得分)

言行是否周密?

(1) 比起记忆更依赖记笔记。

(2) 早晨很早就醒来。

(3) 不过量饮酒。

(4) 常常一日一次坐禅休息。

(5) 不吸烟。

(6) 不大量摄取甜食。

(7) 经常吃豆类、果实类食物。

(8) 经常思考总结存在的问题。

(9) 无论何时何地都能充分地松弛。

(10) 呼吸既深又长。

(11) 每天带着目标工作（学习）。

(12) 平时多吃蔬菜。

(13) 不喜欢暧昧的言行。

(14) 每天进行全身运动。

(15) 经常心情愉快地工作（学习）。

(把“√”相加得分)

工作能力评分，见表 4-4。

表 4-4　工作能力评分

自我检测内容	评语与评分				
	低	稍低	一般	高	很高
集中性	0～3	4～7	8～11	12～13	14～15
转化性	0～3	4～6	7～9	10～12	13～15
开拓性	0～4	5～8	9～11	12～13	14～15
灵敏性	0～3	4～6	7～9	10～12	13～15
周密性	0～4	5～8	9～11	12～13	14～15

3. 你适合做什么工作

本测验的目的，是看你在哪一方面的工作具有最大的倾向或潜力，以便帮助你胜任它，请对下面的题目回答“是”或“否”。

(1) 当你在看一本有关谋杀案的小说时，你常能在作者未告诉你之前便知道谁是杀人犯吗?

(2) 你很少写错字、别字?

(3) 你宁愿参加音乐会而不呆在家里闲聊?

(4) 墙上的画挂歪了，你会想着去扶它吗?

(5) 你宁愿读一些散文或小品而不去看小说?

(6) 你常记得自己见过或听过的事实吗?

(7) 愿少做几件事，但一定要做好，而不愿意多做几件马马虎虎的事?

(8) 喜欢打牌或下棋?

(9) 对自己的预算均有控制?

(10) 喜欢研究能使钟、开关、马达发生效用的原因?

(11) 喜欢改变一下日常生活中的一些惯例，使自己有一些充裕的时间?

(12) 闲暇时，较喜欢参加一些运动，而不愿意看书?

(13) 对你来说数学难不难?

(14) 你是否喜欢与比你年轻者在一起?

(15) 你能列出5个你认为够朋友的人吗?

(16) 对一般你可能办到的事你是乐于帮助别人还是怕麻烦?

(17) 你不喜欢太琐碎的工作?

(18) 看书看得快吗?

(19) 相信“小心谨慎，稳扎稳打”是句至理名言吗?

(20) 喜欢新朋友、新地方与新的东西吗?

这个测验的答案是没有错与对之分，只是在看你的倾向。具体做法是：圈出全部“是”的答案。

算算前10题中有几个“是”的答案。(第一组)

算算后10题中有几个“是”的答案。(第二组)

比较这两组答案，如果第一组中的“是”比第二组中的多，那么，表明你是个精深的人，能从事具有耐心谨慎的工作，诸如哲学家、科学家、医生、律师、工程师、编辑、技术工人等。如果第二组中的“是”多，那么表明你是个广博的人，最大的长处在于能成功地与人交往，你喜欢有人来实现你的想法。其适宜的工作包括人事、顾问、运动教练、计程车司机、服务员、演员、推销员、广告宣传的执行者等。

如果你在两组中的“是”大致相等，那就表明你不但能处理琐碎细事，也能维持良好的人缘关系。你适宜的工作包括护士、教师、秘书、建筑工人、商人、美容师、艺术家、图书管理员以及政治家等。

4. 职业能力评估单

为了检视你对职业的认识以及你所具备的能力与理想工作所应具备的能力，请你试着根据目前的职业目标，选定一项工作或职业，然后查阅相关资料，试回答表 4-5中的问题。工作所需能力及自己已具备能力两部分，确定打“√”，不确定或不知道画“△”，不需要或自己缺乏能力打“×”。

表 4-5　职业能力评估

工作职位名称	工作所具备的能力	自己已具备的能力	整体心得感想
	1. 语文能力	1. 语文能力	
	2. 表达能力	2. 表达能力	
	3. 沟通、协调能力	3. 沟通、协调能力	
	4. 领导统御能力	4. 领导统御能力	
	5. 专业技能	5. 专业技能	
	6. 电脑软件操作能力	6. 电脑软件操作能力	
	7. 中文打字及英文打字	7. 中文打字及英文打字	
	8. 行销能力	8. 行销能力	
	9. 会计能力	9. 会计能力	
	10. 机械操作能力	10. 机械操作能力	
	11. 法律知识	11. 法律知识	
	12. 判断力	12. 判断力	
	13. 创造力	13. 创造力	
	14. 直觉与敏感度	14. 直觉与敏感度	
	15. 其他专业知识	15. 其他专业知识	

以上的活动，你在工作所需具备的能力部分确定打“√”的多，还是不确定或不知道打“△”的多？如果三角形超过五个，显示你对外界情况的探索仍不充足，“知彼”的工作仍需加强。

你在自己已具备能力的部分打“√”的多，还是自己缺乏此能力打“×”的多，或者不确定或不知道自己是否具备此能力而画“△”的多呢？如果打“×”及打

"√"过多，显示你需要加强自我的了解或自己的能力，以便达到工作、职位上的要求。

思考：

1. 做20个"我是谁?"的游戏

目的：认识并接纳自我。

（1）20分钟之内，写下20个"我是……"要求尽量反映个人特点，真正代表自己。

（2）将自己所陈述的20项内容从身体状况、情绪状况、才智状况、社会关系状况等方面进行归类。

（3）仔细分析自己的分类，从中能得到什么启发?

2. 了解自己的社会资源

社会资源指的是个人在自己的社会关系网络中所能获得的、来自他人的物质和精神上的帮助和支援。

（1）请你对以下问题做一个简单的解答：

①如果自己陷入困境有多大把握能得到他人广泛、及时而又有效的帮助?

②这些"他人"都包括了谁?请依次将其罗列出来。

③你在遇到物质上的困难时，最有可能求助并且有把握得到支持的人有谁?

④你在遇到精神上的病苦时，最有可能求助并且有把握得到支持的人有谁?

⑤想到自己的社会支持系统，你会产生什么样的感觉?

⑥你是否知道要能够区分社会支持系统中不同关系所具有的不同功能?

⑦在得到别人的帮助后，你会想到感恩吗?

⑧别人向你帮助时你会帮助他们吗?

（2）看看自己可以求助的人有几个，如果你的社会支持系统中不足5个人，你就需要问问自己是什么阻碍了我拥有较多的社会资源?我现在可以做些什么来增强自己的社会"支持系统"?

3. 测测你的职业倾向

心理学中有很多职业兴趣表，其中比较经典的是霍兰德（Holland）职业倾向测验。该测验有助于我们发现和确定自己的职业兴趣和能力特长，从而帮助我们能够更好地确定职业方向、选择一个恰当的职业目标、做出更适合自己的择业决策。该测验使用的范围较广，包括社会上的一般人员、大中专学生，也包括管理人员。本测验共有六个部分，每部分测验都没有时间限制，但要求尽快完成。

第一部分：您心目中的理想职业（专业）

对于未来的职业（或升学进修的专业），您得早有考虑，它可能很抽象、很朦胧，也可能很具体、很清晰。无论是哪种情况，现在都请您把自己最想做的三种工作或最想读的三个专业按顺序写下来。

1. ________　2. ________　3. ________

第二部分：您所感兴趣的活动

下面列举了若干种活动，请就这些活动判断你的好恶。喜欢的，请在“是”栏里打“√”；不喜欢的，请在“否”栏里打“×”。

R：现实型活动	是	否
1. 装配、修理电器或玩具。	（ ）	（ ）
2. 修理自行车。	（ ）	（ ）
3. 用木头做东西。	（ ）	（ ）
4. 开汽车或摩托车。	（ ）	（ ）
5. 用机器做东西。	（ ）	（ ）
6. 参加木工技术学习班。	（ ）	（ ）
7. 参加制图描图学习班。	（ ）	（ ）
8. 驾驶卡车或拖拉机。	（ ）	（ ）
9. 参加机械和电气学习班。	（ ）	（ ）
10. 装配修理机器。	（ ）	（ ）

统计“是”一栏得分计。________

A：艺术型活动	是	否
1. 素描、制图或绘画。	（ ）	（ ）
2. 参加话剧或戏剧。	（ ）	（ ）
3. 设计家具或布置室内。	（ ）	（ ）
4. 练习乐器或参加乐队。	（ ）	（ ）
5. 欣赏音乐或戏剧。	（ ）	（ ）
6. 看小说或读剧本。	（ ）	（ ）
7. 从事摄影创作。	（ ）	（ ）

8. 写诗或吟诗。	（ ）	（ ）
9. 进艺术（美术或音乐）学院培训。	（ ）	（ ）
10. 练习书法。	（ ）	（ ）

统计“是”一栏得分计__________

I：调查型活动	是	否
1. 读科技图书和杂志。	（ ）	（ ）
2. 在实验室工作。	（ ）	（ ）
3. 改良水果品种，培育新的水果。	（ ）	（ ）
4. 调查了解土和金属等物质的成分。	（ ）	（ ）
5. 地理课。	（ ）	（ ）
6. 解算术或玩数学游戏。	（ ）	（ ）
7. 物理课。	（ ）	（ ）
8. 化学课。	（ ）	（ ）
9. 几何课。	（ ）	（ ）
10. 生物课。	（ ）	（ ）

统计“是”一栏得分计__________

S：社会型活动	是	否
1. 学校或单位组织的正式活动。	（ ）	（ ）
2. 参加某个社会团体或俱乐部活动。	（ ）	（ ）
3. 帮助别人解决困难。	（ ）	（ ）
4. 照顾儿童。	（ ）	（ ）
5. 出席晚会、联欢会、茶话会。	（ ）	（ ）
6. 和大家一起出去郊游。	（ ）	（ ）
7. 想获得关于心理方面的知识。	（ ）	（ ）
8. 参加讲座或辩论会。	（ ）	（ ）
9. 观看或参加体育比赛和运动会。	（ ）	（ ）
10. 结交新朋友。	（ ）	（ ）

统计“是”一栏得分计__________

E：事业型活动	是	否
1. 说服鼓动他人。	（ ）	（ ）
2. 卖东西。	（ ）	（ ）

3. 谈论政治。	（ ）	（ ）
4. 制订计划、参加会议。	（ ）	（ ）
5. 以自己的意志影响别人的行为。	（ ）	（ ）
6. 在社会团体中担任职务。	（ ）	（ ）
7. 检查与评价别人的工作。	（ ）	（ ）
8. 结交名流。	（ ）	（ ）
9. 指导有某种目标的团体。	（ ）	（ ）
10. 参与政治活动。	（ ）	（ ）

统计“是”一栏得分计__________

C：常规型（传统型）活动	是	否
1. 整理好桌面和房间。	（ ）	（ ）
2. 抄写文件和信件。	（ ）	（ ）
3. 为领导写报告或公务信函。	（ ）	（ ）
4. 检查个人收支情况。	（ ）	（ ）
5. 打字培训班。	（ ）	（ ）
6. 参加算盘、文秘等实务培训。	（ ）	（ ）
7. 参加商业会计培训班。	（ ）	（ ）
8. 参加情报处理培训班。	（ ）	（ ）
9. 整理信件、报告、记录等。	（ ）	（ ）
10. 写商业贸易信函。	（ ）	（ ）

统计“是”一栏得分计__________

第三部分：您所擅长获胜的活动

下面列举了若干种活动，其中你能做或大概能做的事，请在“是”栏里打“√”；反之，在“否”栏里打“×”。请回答全部问题。

R：实际型能力	是	否
1. 能使用电锯、电钻和链刀等木工工具。	（ ）	（ ）
2. 知道万用表的使用方法。	（ ）	（ ）
3. 能够修理自行车或其他机械。	（ ）	（ ）
4. 能够使用电钻床、磨床或缝纫机。	（ ）	（ ）
5. 能给家具和木制品刷漆。	（ ）	（ ）

	是	否
6. 能看建筑设计图。	（ ）	（ ）
7. 能够修理简单的电气用品。	（ ）	（ ）
8. 能修理家具。	（ ）	（ ）
9. 能修理收录机。	（ ）	（ ）
10. 能简单地修理水管。	（ ）	（ ）

统计“是”一栏得分计__________

A：艺术型能力	是	否
1. 能演奏乐器。	（ ）	（ ）
2. 能参加二部或四部合唱。	（ ）	（ ）
3. 独唱或独奏。	（ ）	（ ）
4. 扮演剧中角色。	（ ）	（ ）
5. 能创作简单的乐曲。	（ ）	（ ）
6. 会跳舞。	（ ）	（ ）
7. 能绘画、素描或书法。	（ ）	（ ）
8. 能雕刻、剪纸或泥塑。	（ ）	（ ）
9. 能设计板报、服装或家具。	（ ）	（ ）
10. 写得一手好文章。	（ ）	（ ）

统计“是”一栏得分计__________

I：调研型能力	是	否
1. 懂得真空管或晶体管的作用。	（ ）	（ ）
2. 能够列举三种蛋白质含量高的食品。	（ ）	（ ）
3. 理解铀的裂变。	（ ）	（ ）
4. 能用计算尺、计算器、对数表。	（ ）	（ ）
5. 会使用显微镜。	（ ）	（ ）
6. 能找到三个星座。	（ ）	（ ）
7. 能独立进行调查研究。	（ ）	（ ）
8. 能解释简单的化学现象。	（ ）	（ ）
9. 理解人造卫星为什么不落地。	（ ）	（ ）
10. 经常参加学术会议。	（ ）	（ ）

统计“是”一栏得分计__________

S：社会型能力	是	否

1. 有向各种人说明解释的能力。	（ ）	（ ）
2. 常参加社会福利活动。	（ ）	（ ）
3. 能和大家相处友好地工作。	（ ）	（ ）
4. 善于与年长者相处。	（ ）	（ ）
5. 会邀请人、招待人。	（ ）	（ ）
6. 能简单易懂地教育儿童。	（ ）	（ ）
7. 能安排会议等活动顺序。	（ ）	（ ）
8. 善于体察人心和帮助他人。	（ ）	（ ）
9. 帮助护理病人和伤员。	（ ）	（ ）
10. 安排社团组织的各种事务。	（ ）	（ ）

统计“是”一栏得分计＿＿＿＿＿＿

E：事业型能力	是	否
1. 担任过学生干部并且干得不错。	（ ）	（ ）
2. 工作上能指导和监督他人。	（ ）	（ ）
3. 做事充满活力和热情。	（ ）	（ ）
4. 有效利用自身的做法调动他人。	（ ）	（ ）
5. 销售能力强。	（ ）	（ ）
6. 曾作为俱乐部或社团的负责人。	（ ）	（ ）
7. 向领导提出建议或反映意见。	（ ）	（ ）
8. 有开创事业的能力。	（ ）	（ ）
9. 知道怎样做能成为一个优秀的领导者。	（ ）	（ ）
10. 健谈善辩。	（ ）	（ ）

统计“是”一栏得分计＿＿＿＿＿＿

C：常规型能力	是	否
1. 会熟练地打印中文。	（ ）	（ ）
2. 会用外文打字机或复印机。	（ ）	（ ）
3. 能快速记笔记和抄写文章。	（ ）	（ ）
4. 善于整理、保管文件和资料。	（ ）	（ ）
5. 善于从事事务性的工作。	（ ）	（ ）
6. 会用算盘。	（ ）	（ ）
7. 能在短时间内分类和处理大量文件。	（ ）	（ ）

8. 能使用计算机。	（ ）	（ ）
9. 能搜集数据。	（ ）	（ ）
10. 善于为自己或集体做财务预算表。	（ ）	（ ）

统计“是”一栏得分计__________

第四部分：你所喜欢的职业

下面列举了多种职业，请逐一认真地看，如果是你有兴趣的工作，请在“是”栏里打“√”；如果是你不太喜欢、不关心的工作，请在“否”栏里打“×”。

R：实际型职业	是	否
1. 飞机机械师。	（ ）	（ ）
2. 野生动物专家。	（ ）	（ ）
3. 汽车维修工。	（ ）	（ ）
4. 木匠。	（ ）	（ ）
5. 测量工程师。	（ ）	（ ）
6. 无线电报务员。	（ ）	（ ）
7. 园艺师。	（ ）	（ ）
8. 长途公共汽车司机。	（ ）	（ ）
9. 火车司机。	（ ）	（ ）
10. 电工。	（ ）	（ ）

统计“是”一栏得分计__________

S：社会型职业	是	否
1. 街道、工会或妇联干部。	（ ）	（ ）
2. 小学、中学教师。	（ ）	（ ）
3. 精神病医生。	（ ）	（ ）
4. 婚姻介绍所工作人员。	（ ）	（ ）
5. 体育教练。	（ ）	（ ）
6. 福利机构负责人。	（ ）	（ ）
7. 心理咨询员。	（ ）	（ ）
8. 共青团干部。	（ ）	（ ）
9. 导游。	（ ）	（ ）
10. 国家机关工作人员。	（ ）	（ ）

统计“是”一栏得分计__________

I：调研型职业	是	否
1. 气象学或天文学学者。	（ ）	（ ）
2. 生物学者。	（ ）	（ ）
3. 医学实验室的技术人员。	（ ）	（ ）
4. 人类学学者。	（ ）	（ ）
5. 动物学学者。	（ ）	（ ）
6. 化学学者。	（ ）	（ ）
7. 数学学者。	（ ）	（ ）
8. 科学杂志的编辑或作家。	（ ）	（ ）
9. 地质学学者。	（ ）	（ ）
10. 物理学学者。	（ ）	（ ）

统计“是”一栏得分计__________

E：事业型职业	是	否
1. 厂长。	（ ）	（ ）
2. 电视片编制人。	（ ）	（ ）
3. 公司经理。	（ ）	（ ）
4. 销售员。	（ ）	（ ）
5. 不动产推销员。	（ ）	（ ）
6. 广告部部长。	（ ）	（ ）
7. 体育活动主办者。	（ ）	（ ）
8. 销售部部长。	（ ）	（ ）
9. 个体工商业者。	（ ）	（ ）
10. 企业管理咨询人员。	（ ）	（ ）

统计“是”一栏得分计__________

A：艺术型职业	是	否
1. 乐队指挥。	（ ）	（ ）
2. 演奏家。	（ ）	（ ）
3. 作家。	（ ）	（ ）
4. 摄影家。	（ ）	（ ）
5. 记者。	（ ）	（ ）

	是	否
6. 画家、书法家。	（ ）	（ ）
7. 歌唱家。	（ ）	（ ）
8. 作曲家。	（ ）	（ ）
9. 电影、电视演员。	（ ）	（ ）
10. 雕刻家。	（ ）	（ ）

统计“是”一栏得分计__________

C：常规型职业	是	否
1. 会计师。	（ ）	（ ）
2. 银行出纳员。	（ ）	（ ）
3. 税收管理员。	（ ）	（ ）
4. 计算机操作员。	（ ）	（ ）
5. 簿记人员。	（ ）	（ ）
6. 成本核算员。	（ ）	（ ）
7. 文书档案管理员。	（ ）	（ ）
8. 打字员。	（ ）	（ ）
9. 法庭书记员。	（ ）	（ ）
10. 人口普查登记员。	（ ）	（ ）

统计“是”一栏得分计__________

第五部分：你的能力类型简评

下面两张表是你在六种职业能力方面的自我评定表，见表4-6A、表4-6B。您可以先与同龄人比较显示出自己在每一方面的能力，然后经斟酌后对自己的能力做评估。请在表中适当的数字上画圈。数字越大，表示你的能力越强。注意，请勿全部画同样的数字，因为人的每项能力不可能完全一样。

表4-6　A

R型	I型	A型	S型	E型	C型
机械操作能力	科学研究能力	艺术创作能力	解释表达能力	商业洽谈能力	事务执行能力
7	7	7	7	7	7
6	6	6	6	6	6
5	5	5	5	5	5

续表

R型	I型	A型	S型	E型	C型
机械操作能力	科学研究能力	艺术创作能力	解释表达能力	商业洽谈能力	事务执行能力
4	4	4	4	4	4
3	3	3	3	3	3
2	2	2	2	2	2
1	1	1	1	1	1

表 4-6　B

R型	I型	A型	S型	E型	C型
体育技能	数学技能	音乐技能	交际技能	领导技能	办公技能
7	7	7	7	7	7
6	6	6	6	6	6
5	5	5	5	5	5
4	4	4	4	4	4
3	3	3	3	3	3
2	2	2	2	2	2
1	1	1	1	1	1

第六部分：统计和确定您的职业倾向

请将第二部分至第五部分的全部测验分数按前面已统计好的六种职业倾向（R型、I型、A型、S型、E型和C型）得分填入表4-7，并做纵向累加。

表 4-7

测试	R型	I型	A型	S型	E型	C型
第二部分						
第三部分						
第四部分						

续表

测试	R型	I型	A型	S型	E型	C型
第五部分 A						
第五部分 B						
总 分						

请将上表中的 6 种职业倾向总分按高低顺序依次从左到右排列：

______型、______型、______型、______型、______型、______型

您的职业倾向性得分：

______最高分 ______最低分

现在将你测验得分居第一的职业类型找出来，对照表 4-8，判断一下自己适合的职业类型。

表 4-8 职业索引——职业兴趣代号与其相应的职业对照

R（实际型）	木匠、农民、操作 X 光的技师、工程师、飞机机械师、鱼类和野生动物专家、自动化技师、机械工（车工、钳工等）、电工、无线电报务员、火车司机、长途公共汽车司机，机械制图员、修理机器、电器师
I（调查型）	气象学学者、生物学学者、天文学学者、药剂师、动物学学者、化学家、科学报刊编辑、地质学学者、植物学学者、物理学学者、数学家、实验员、科研人员、科技工作者。
A（艺术型）	室内装饰专家、图书管理专家、摄影师、音乐教师、作家、演员、记者、诗人、作曲家、编剧、雕刻家、漫画家。
S（社会型）	社会学学者、导游、福利机构工作者、咨询人员、社会工作者、社会科学教师、学校领导、精神病工作者、公共保健护士。
E（事业型）	推销员、进货员、商品批发员、旅馆经理、饭店经理、广告宣传员、调度员、律师、政治家、零售商。
C（常规型）	记账员、会计、银行出纳员、法庭速记员、成本估算员、税务员、核算员、打字员、办公室职员、统计员、计算机操作员、秘书。

第五章　医药卫生职业认知

医学职业是人类最为崇高的职业，其根本任务是维护和促进人类健康。而医学职业的发展水平和医学能力的高低从根本上取决于医学科学和卫生事业发展的时代水准。随着社会的发展，医学领域渗透到各个部门，医药人才分布到多个行业，这里我们着重介绍卫生行业和医药企业。

第一节　卫生行业介绍

我国卫生行业包括了卫生行政组织和卫生服务组织。卫生行政组织指国家中具有卫生工作计划、组织、指导、协调、监督和控制等管理职能的组织机构。卫生服务组织是以保障居民健康为主要目标，直接或者间接向居民提供预防、医疗、康复、健康服务、健康教育和健康促进等服务的组织，主要包括医疗机构、疾病预防控制中心、卫生监督机构、采供血机构、健康教育机构、医学科研机构、医学在职教育机构等。

一、卫生行政组织

1. 卫生行政部门划分

国内卫生行政机构按照行政区域设立。国家级卫生行政机构是卫生部，各省（自治区、直辖市）设立卫生厅（局），地市级、乡镇、区设立卫生局。卫生部是主管卫生工作的国务院组成部门。卫生部设人事司、规划财务司、卫生政策法规司、卫生应急办公室（突发公共卫生事件应急指挥中心）、农村卫生管理司、卫生监督局、妇幼保健与社区卫生局、医政司、疾病预防控制局（全国爱国卫生运动委员会办公室）、科技教育司、国际合作司、保健局等职能部门。

2. 卫生行政部门主要职责

研究拟定卫生工作的法律、法规和方针政策，研究提出卫生事业发展规划和战略目标，制定技术规范和卫生标准并监督实施；研究提出区域卫生规划，统筹规划与协调全国卫生资源配置，制定社区卫生服务发展规划和服务标准，指导卫生规划的实施；研究制定农村卫生、妇幼卫生工作规划和政策措施，指导初级卫生保健规划和母婴保健专项技术的实施；贯彻预防为主方针，开展全民健康教育；制定对人群健康危害严重的疾病的防治规划；组织对重大疾病的综合防治；发布检疫传染病和监测传染病名录；指导医疗机构改革，制定医务人员执业标准、医疗质量标准和服务规范性并监督实施；依法监督管理血站、单采血浆站的采供血及临床用血质量；研究拟定国家重点医学科技、教育发展规划，组织国家重点医药卫生科研攻关，指导医学科技成果的普及应用工作；管理直属单位，监督管理传染病防治和食品、职业、环境、放射、学校工作；组织制定食品、化妆品质量管理规范并负责认证工作；制定国家卫生人才发展规划和卫生人员职业道德规范，拟定卫生机构编制标准、卫生技术人员资格认定标准，并组织实施；贯彻中西医并重的方针，推进中医药的继承与创新，实现中医药现代化；组织调度全国的卫生技术力量，协助地方人民政府和有关部门，对重大突发疫情、病情实施紧急处置，防止和控制疫情、疾病的发生、蔓延。

各级卫生（厅）局分别管理本区域内的卫生管理工作，根据职责分别在内部设立相应的职能部门，级别越高设立的部门相对越齐全，基层的卫生局内部机构相对较少。如北京市卫生局内设机构为医政处、政策法规处、应急办公室（突发公共卫生事件应急指挥中心）、农村卫生处，卫生监督处、妇幼与社区卫生处、疾病控制处、北京市爱国卫生运动委员会办公室、科教处、国际合作处、发展计划处、物价处、药械处、北京市保健委员会办公室等职能部门。北京市海淀区卫生局内设政策法规科、医改科、爱卫会、预防保健科、妇幼科等职能部门。

二、卫生服务组织

（一）医疗机构

医疗机构是指卫生行政部门取得《医疗机构执业许可证》的机构，包括医院、疗养院、社区卫生服务中心（站）、卫生院、门诊部、诊所（卫生所、医务室）、妇幼保健院（所、站）、专科疾病防治院（所、站）、急救中心（站）和临床检验中心。2011 年 3 月底，全国卫生机构达 94.04 万个，其中医院 2.1 万个、基层医疗卫生机构 25.5 万个、其他机构 1.4 万个。基层医疗卫生机构中，社区卫生服务中心（站）3.3 万个，乡镇卫生院 3.8 万个，村卫生室 65.0 万个，诊所（医务室）17.5 万个。与 2010 年 3 月底比较，全国医疗卫生机构增加 12 679 个，其中：医院增加 837 个，基层医疗卫生机构增加 4 432 个。基层医疗卫生机构中，社区卫生服务中心（站）增加 5 874 个，乡镇卫生院减少 652 个，村卫生室增加 7 172 个，诊所（医务室）减少 1 417 个。

1. 医院

医院是治病防病、保障人民健康的社会主义卫生事业单位。根据医院的功能、任务和提供的服务不同，我国医院可以分为综合医院、中医医院、中西医结合医院和专科医院等。专科医院分为口腔医院、眼科医院、耳鼻咽喉科医院、肿瘤医院、心血管医院、胸科医院、血液病医院、妇产（科）医院、儿童医院、精神病医院、传染病医院、皮肤病医院、结核病医院、麻风病医院、职业病医院、骨科医院、康复医院、整形外科医院及美容医院等，如图 5-1 所示。

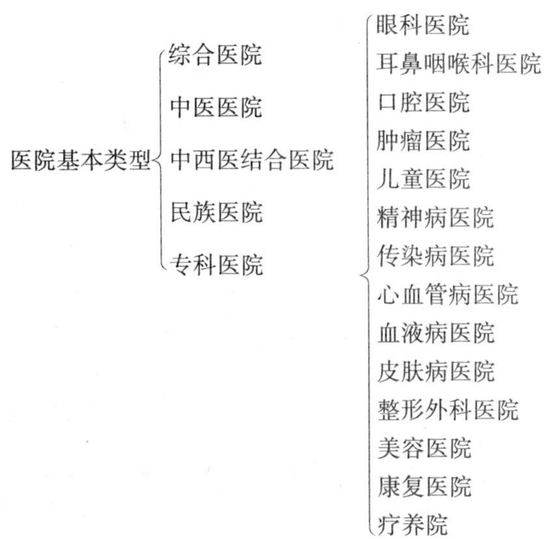

图 5-1 医院基本类型

按照运行目标，医院可分为营利性医院和非营利性医院。营利性医院是指医疗服务所得收益可用于投资者经济回报的医院。非营利性医院是指为社会公众利益服务而设立运营的医院，不以营利为目的，其收入用于弥补医疗服务成本。根据国际经验和我国有关法规，一般认为政府医院、企业医院、社区医院及民办医院为非营利性医院，而私立医院、股份制医院、中外合资医院属于营利性医院。

按照当地《医疗机构设置规划》确定医院的级别，医院的级别分为一级、二级和三级，每个级别再分为甲、乙、丙三个等级。一级综合医院是向一个社区（人口一般在十万以下）提供基本医疗、预防、保健和康复服务的基层医疗机构。二级综合医院是向含有多个社区的地区（人口一般在数十万左右）提供以医疗为主，兼顾预防、保健和康复医疗服务，并承担一定教学和科研任务的地区性医疗机构。三级综合医院是向含有多个地区的区域（人口一般在百万以上）提供以高水平专科医疗服务为主，兼顾预防、保健和康复服务，并承担相应的高等医学院校教学和科研任务的区域性医疗机构，是省或全国的医疗、预防、教学和科研相结合的技术中心，是国家高层次的医疗机构，如表 5-1 所示。

表 5-1　不同医院级别设置要求

医院级别	床位	科室设置		人员
		临床科室	医技科室	
一级综合医院	20 至 99 张	急诊室、内科、外科、妇产科、预防保健科	药房、化验室、X 光室、消毒供应室	每床至少配备 0.7 名卫生技术人员；至少有 3 名医师、5 名护士和相应的药剂、检验、放射等卫生技术人员；至少有 1 名具有主治医师以上职称的医师
二级综合医院	100 至 499 张	急诊科、内科、外科、妇产科、儿科、眼科、耳鼻喉科、口腔科、皮肤科、麻醉科、传染科、预防保健科。其中眼科、耳鼻喉科、口腔科可合并建科，皮肤科可并入内科或外科	药剂科、检验科、放射科、手术室、病理科、血库（可与检验科合设）、理疗科、消毒供应室、病案室。	每床至少配备 0.88 名卫生技术人员；至少配备 0.4 名护士；至少有 3 名具有副主任医师以上职称的医师；各专业科室至少有 1 名具有主治医师以上职称的医师

续表

医院级别	床位	科室设置		人员
		临床科室	医技科室	
三级综合医院	住院床位总数500张以上	急诊科、内科、外科、妇产科、儿科、中医科、耳鼻喉科、口腔科、眼科、皮肤科、麻醉科、康复科、预防保健科	药剂科、检验科、放射科、手术室、病理科、输血科、核医学科、理疗科（或与康复科合设）、消毒供应室、病案室、营养部和相应的临床功能检查室	每床至少配备1.03名卫生技术人员；至少配备0.4名护士；各专业科室的主任应具有副主任医师以上职称；临床营养师不少于2人；工程技术人员（技师、助理工程师以及以上人员）占卫生技术人员总数的比例不低于10人
一级中医院	住院床位总数20至79张		三个中医一级临床科室和药房、化验室、X光室。	每床到少配有0.7名卫生技术人员；中医药人员占医药人员总数的比例不低于60%
二级中医院	住院床位总数80至299张	中医内科、外科、等五个以上中医一级临床科室	药剂科、检验科、放射科等科室。	至少配有0.88名卫生技术人员中医药人员占医药人员总数的比例不低于60%；至少有4名具有主治医师以上职称的中医师，1名中药师和相应的药剂、检验、放射等技术人员。各临床科室到少有1名中医师；每床至少配备0.3名护士

续表

医院级别	床位	科室设置		人员
		临床科室	医技科室	
三级中医院	住院床位总数300张以上	急诊科、内科、外科、妇产科、儿科、针灸科、骨伤科、肛肠科、皮肤科、眼科、推拿科、耳鼻喉科	药剂科、检验科、放射科、病理科、消毒供应室、营养襄阳和相应的临床功能检查室	每床到少配有1.0名卫生技术人员；中医药人员占医药人员总数的比例不低于60%；临床科室主任必须是具有副主任医师以上职称的中医师，至少有7名具有副主任药师以上职称的中药师和相应的检验、放射等技术人员；工程技术人员（技师、助理工程师及以上人员）占卫生技术人员总数的比例不低于1%；临床营养师不少于1人；每床至少配有0.3名护士
街道卫生室	床位总数在19张以下的张（镇）、街道	急诊（抢救）室、内科、外科、妇（产）科、儿科、预防保健科	药房、化验室、X光室、治疗室、处置室、消毒供应室、信息统计室	定员至少5人；卫生技术人员数不低于全院职工总数的80%；从事防保工作人员不低于卫生技术人员总数的20%
街道卫生中心	床位总数20至99张的乡（镇）、街道	设有急诊（抢救）室、内科、外科、妇（产）科、儿科、预防保健科	设有药房、化验室、X光室、治疗室、外置室、手术室、消毒供应室、信息统计室	至少有3名医师、5名护士和相应的药剂、检验、放射技术人员；至少有1名具有主治医师以上职称的医师
村卫生室			诊室、治疗室、药房	至少有1名乡村医生

2. 疗养院

疗养院是以疗养因子为基础的，在规定的生活制度下专门为增强体质、疾病疗养、康复疗养和健康疗养而设立在疗养地（区）的医疗机构。疗养院一般设在具有某种天然疗养因子（例如矿泉、海水、空气、日光等）的、自然环境比较清静优美的疗养地（区）。疗养院收治的对象大多是患有某些慢性病或职业病的具有疾病疗养、康复疗养适应症者，或某些特殊职业的人员。疗养院一般配备各种生理功能检查设备、物理和体育疗法的设备以及适合使用自然疗养因子的各种设备条件和最基本的诊疗设备。主要应用疗养因子（包括自然疗养因子和人工理化因子）作为主要手段，并采用把疗养因子与医疗技术、心理卫生、生活服务融为一体的整体综合性疗养方法。疗养院对疗养员除要进行一定诊疗或预防保健性的医疗检查外，主要是组织他们进行各种文娱活动和体育锻炼。

我国疗养院可分为综合性疗养院和专科疗养院两大类。综合性疗养院主要包括职工疗养院（大多属工会或当地政府主管）、干部疗养院（大多属于老干部管理部门主管）、特勤疗养院（主要指部队疗养院和民航疗养院，部队疗养院又可分为陆军疗养院、空军疗养院、海军疗养院、特种兵疗养院）。专科疗养院主要指政府或大型厂矿企业单位办的职业病疗养院、结核病疗养院、肝病疗养院等。

3. 社区卫生服务机构

党的十七大提出“人人享有基本医疗卫生服务”的新目标，为了解决群众看病难、看病贵的问题，为群众提供安全、有效、方便、价廉的医疗卫生服务，近年来我国大力推进城市社区卫生服务建设。社区卫生服务是社区建设的重要组成部分，社区卫生服务机构的建设需纳入社区发展规划和区域卫生规划，要与城镇医药卫生体制改革、城镇职工基本医疗保险制度改革紧密结合，并充分利用中医和西医卫生资源，为社区居民提供预防、保健、健康教育、计划生育和医疗、康复等服务的综合性基层卫生服务机构。社区卫生服务机构以社区卫生服务中心为主体，社区卫生服务中心一般以街道办事处所辖范围设置，服务人口约 3 万～5 万人。对社区卫生服务中心难以方便覆盖的区域，以社区卫生服务站作为补充。社区卫生服务机构业务用房、床位、基本设备、常用药品和急救药品应根据社区卫生服务的功能、居民需求配置；卫生人力应按适宜比例配置。近年来有些医学院校开设了社区服务专业，将会有大批医学生从事社区卫生服务。

（1）社区卫生服务中心。基本功能：开展社区卫生状况调查，进行社区诊断，向社区管理部门提出改进社区公共卫生的建议及规划，对社区爱国卫生工作予以技术指导；有针对性地开展慢性非传染性疾病、地方病与寄生虫病的健康指导、行为干预和筛查，以及高危人群监测和规范管理工作；负责辖区内免疫接种和传染病预防与控制工作；运用适宜的中西医药及技术，开展一般常见病、多发病的诊疗；提供急救、会诊、转诊服务、康复服务和临终关怀；提供家庭出诊、家庭护理、家庭病床等家庭卫生保健服务；提供精神卫生服务和心理卫生咨询服务；提供妇女、儿童、老年人、慢性病人、残疾人等重点人群的保健服务；提供个人与家庭连续性的健康管理服务；开展健康教育与健康促进工作；开展计划生育咨询、宣传并提供适宜技术服务；负责辖区内社区卫生服务信息资料的收集、整理、统计、分析与上报；在社区建设中，协助社区管理部门不断拓展社区服务，繁荣社区文化，美化社区环境，共同营造健康、向上、文明、和谐的社区氛围。根据社区卫生服务功能和社区居民需求，提供其他适宜的基层卫生服务。

科室设置：设有开展全科诊疗、护理、康复、健康教育、免疫接种、妇幼保健和信息资料管理等工作的专门场所。

人员配备：从事社区卫生服务的专业技术人员须具备法定执业资格；根据功能、任务及服务人口需求，配备适宜类别、层次和数量的卫生技术人员。辖区人口每万人至少配备 2 名全科医师。在全科医师资格认可制度尚未普遍实施的情况下，暂由经过全科医师岗位培训合格、具有中级以上专业技术职称的临床执业医师承担。医护人员在上岗前须接受全科医学及社区护理等知识培训，待国家有关部门颁布社区卫生服务机构人员编制标准后，按有关规定执行。

（2）社区卫生服务站。基本功能：开展社区卫生状况调查，协助社区管理部门实施健康促进；开展免疫接种、传染病的预防与控制、常见病、多发病的诊疗以及诊断明确的慢性病的规范化管理工作；提供院外急救服务、双向转诊服务、康复服务、家庭出诊、家庭护理、家庭病床等家庭卫生保健服务，妇女、儿童、老年人、慢性病人、残疾人等重点人群的保健服务；提供个人与家庭的连续性健康管理服务。开展健康教育与心理卫生咨询工作；在社区建设中，协助社区管理部门不断拓展社区服务，繁荣社区文化，美化社区环境，共同营造健康向上、文明和谐的社区氛围；根据社区卫生服务功能和社区居民需求，提供其他适宜的基层卫生服务。

社区卫生服务中心及卫生服务站人员配备：从事社区卫生服务的专业技术人员须具备法定执业资格，根据功能、任务及服务人口需求，配备适宜类别、层次和数量的卫生技术人员。辖区人口每万人至少配备 2 名全科医师。在全科医师资格认可制度尚未普遍实施的情况下，暂由经过全科医学培训、具有中级专业技术职称的临床执业医师承担。医护人员在上岗前须接受全科医学及社区护理等知识培训，待国家有关部门颁布社区卫生服务机构人员编制标准后，按有关规定执行。

4. 卫生院

卫生院是我国基层的医疗卫生机构之一，根据区域分布分为街道卫生院和乡镇卫生院，乡镇卫生院又分为中心卫生院和乡卫生院。98%的卫生院分布在乡镇。中心卫生院是乡镇卫生院的龙头，是农村卫生工作的关键。乡镇卫生院是农村预防控制工作的中心环节，是慢性病、传染病、地方病、寄生虫病和突发公共卫生事件的预防控制的职能部门。乡镇卫生院提供的医疗服务收费标准低，医技条件也能满足当地群众的就医需求，符合农村居民“花较少的钱，看更多的病”的现实需要，乡镇卫生院还是村卫生所和县级以上医疗机构承上启下的纽带和链接点。

乡镇卫生院，在做好常见病、多发病的诊断、治疗及预防保健工作的同时，要具有应急事件和急诊急救处理能力，能开展儿童的系统保健、孕产妇的保健和接生工作，负责辖区内疾病预防控制、卫生监督管理和妇幼卫生保健服务工作，建立农村居民健康档案，普及卫生知识，提高农民的自我保健能力和整体健康水平。根据当地居民对卫生服务的需求，协助当地政府制订和实施初级卫生保健规划及年度计划，协助主管部门对辖区有关行业实行卫生监督管理，负责村级卫生组织的管理和技术指导以及乡村医生的业务培训。

5. 门诊部

门诊部也是基层医疗单位之一，他们根据服务项目和专业特点分为综合门诊部、中医门诊部、中西医结合门诊部、民族医门诊部、专科门诊部。他们主要是以社区居民的医疗需要为导向，根据居民的一般病况和有代表性的特殊病况采取具有较强针对性的医师、医技和药物准备，开展一般常见病、多发病的诊疗以及诊断明确的慢性病的施治，同时开展社区居民的身体健康调查，协助社区管理部门有计划地实施健康保健促进工作。

6. 社区卫生服务中心（站）、乡镇卫生院、村卫生室、诊所（医务室）

社区卫生服务中心（站）、乡镇卫生院、村卫生室、诊所（医务室）是最基层的医疗机构，是分布最广、接触群众最多的，也是医疗机构中数量最大的部分。通常能够进行内科、妇科、儿科常见病的诊治和简单的外科疾病治疗。

2011年3月底，基层医疗卫生机构中：社区卫生服务中心（站）3.3万个，乡镇卫生院3.8万个，村卫生室65.0万个，诊所（医务室）17.5万个。

7. 妇幼保健院（所、站）

妇幼保健院分为省级、市级、地市级及县级等妇幼保健院，分别承担着全省、全市、全县的妇幼卫生保健及对下一级妇幼保健院的业务指导和技术培训工作。妇幼保健院是医疗和保健相结合的单位，承担着“儿童优先，母亲安全”的职责，妇幼保健院一般分为保健部与临床部，保健部下设：妇保科、儿保科、生殖健康、口腔科、婚检科、健康教育，负责妇女病普查、中老年保健、青春期保健、性健康咨询、乳腺保健、饮食从业人员体检、42 天母婴体检、儿童入托体检、体弱儿童保健指导、孕妇儿童营养测算、儿童智力筛查、儿童孕妇口腔保健、眼保健、婚前保健、孕妇学校、0～3 岁早期教育门诊、计划免疫、社区服务等工作。临床部下设妇科、产科、计划生育科、新生儿科、皮肤性病科等。

8. 专科疾病防治院（所、站）

专科疾病防治院（所、站）根据诊治疾病的不同分为口腔病、精神病、皮肤病与性病、结核病、麻风病、职业病、地方病、寄生虫病、血吸虫病防治所（站、中心）及药物戒毒所等防治院。2009 年，全国有各类专科疾病防治所（站、中心）1 763 个。

（二）疾病预防控制中心

2009 年，全国共有疾病预防控制中心 3 548 个，其中省级 31 个，地辖市级 390 个，县级 2 708 个。各级疾病预防控制中心的前身是防疫站。各级疾病预防控制中心在中国疾病预防控制中心的业务指导下，负责各自管辖区域内的疾病预防控制和爱国卫生工作。研究拟订疾病预防控制和爱国卫生运动方面的规章制度和政策建议，制定重大疾病防治规划与策略和对严重危害人民健康的公共卫生问题的干预措施，提出并组织实施疾病预防控制规划和重大疾病防治项目，对落实情况进行监督检查，协调有关部门对重大疾病和公共卫生实施防控和干预，防止和控制疾病的发生与疫情的蔓延。

（三）卫生监督所

2009 年年底，全国有卫生监督所 2 706 所，其中省级 35 所，市（地区）级 396 所，县区级 2 275 所。各级卫生监督所是属于各级卫生行政部门的卫生执法机构。卫生部卫生监督中心承办 8 项由卫生部直接审批的行政许可工作，分别是：新资源食品、食品添加剂新品种受理、评审；国产特殊用途化妆品受理、评审；首次进口的化妆品受理、评审；化妆品新原料受理、评审；消毒剂、消毒器械受理、评审；

涉及饮用水卫生安全产品受理、评审，建设项目职业卫生审查工作相关事项；建设项目职业病危害评价资质（甲级）的受理、资料审查、评审意见汇总上报。同时还承担国家计量认证卫生评审组工作，受理国家级、省级卫生检测机构和实验室开展计量认证申请、评审事宜。承担制定卫生监督执法检验技术规范。协助卫生部开展卫生标准审查、卫生标准制（修）订、重大理论问题研究、卫生标准宣传贯彻工作。负责国家级卫生监督信息平台运行与管理，并进行全国卫生监督信息的搜集、整理、汇总分析及卫生监督员培训等项工作。

其他各级卫生监督所的职责为：依据国家和地方公共卫生法律、法规、规章、标准，按照卫生防病、卫生监督工作规划、计划和有关程序、规范，具体实施传染病防治、环境卫生、饮水卫生、职业卫生、放射卫生、学校卫生、医疗执业活动等各项监督工作，对违法行为提出行政处罚意见；开展法制宣传和培训，做好卫生监督员的管理和考核、卫生监督信息、资料的汇总分析和报告，对下级卫生监督所的工作进行指导和检查。

三、卫生相关国际组织

（一）世界卫生组织

世界卫生组织（World Health Organization，WHO）是联合国机构之一，总部在瑞士日内瓦，是国际上最大的政府间卫生组织，有 192 个成员国。WHO 主要从事国际公共卫生工作，其目标是“21 世纪人人享有卫生保健”。其主要任务有：根据会员国要求，协助政府加强卫生服务；为卫生领域提供信息、咨询和帮助，促进流行性、地方性疾病及其他疾病的根治工作，促进改善营养、住房、卫生、工作条件和其他环境卫生方面的工作，促进专业组织间的合作，以利于加强卫生工作，提出关于卫生事业的国际公约及协议，推动并指导卫生领域的研究，制定食品、生物制品及药物的国际标准，协助开展群众性的卫生宣传工作，根据需要建立并进行管理及技术服务。

（二）联合国儿童基金会

联合国儿童基金会（United Nations Children’s Funds，UNICEF）是联合国专门机构，总部在美国纽约，其前身是联合国国际儿童基金会，提倡保护儿童的权益，帮助他们获得基本需要，并增加开发儿童潜质的机会。基金会的主要任务是帮助发展中国家儿童的保健、福利和教育等问题，援助对象主要是少年、儿童和年轻的母亲。

（三）联合国人口基金会

联合国人口基金会（United Nations Fund For Population Activities，UNFPA）是联合国大学附属机构，总部在美国纽约，其前身是联合国人口活动基金会，在人口活动中增进知识和能力，以适应国家、区域和全世界人口活动和计划生育等方面的需要，促使各国根据各自计划寻找解决人口问题的可行办法，为发展中国家提供资金援助。

（四）联合国开发计划署

联合国开发计划署（United Nations Development Program，UNDP）是联合国技术援助计划的管理机构，总部设在美国纽约，是联合国系统内最大的多边援助机构。计划署的主要任务是帮助发展中国家加速经济和社会发展，向他们提供系统的、持续不断的援助。

（五）国际红十字

国际红十字（The International Red Cross，IRC）是由红十字国际委员会、红十字协会以及得到红十字国际委员会承认的各国红十字会和红新月会组成，是一个独立、中立的组织，实行人道主义保护和帮助，如探视被关押者、组织救援行动、帮助离散家庭重新团聚以及在武装冲突期间进行类似的人道活动。

第二节 卫生行业人员分类及选择标准

一、卫生行业人员概述

卫生行业人员根据工作性质的不同，主要分以下六类：临床医师、护士、药剂人员、检验人员、卫生监督员和卫生行政管理人员等。

（一）临床医师

我国对临床医师采用资格准入制度。《中华人民共和国执业医师法》规定，医师，包括执业医师和执业助理医师，是指依法取得执业医师资格或者执业助理医师资格，经注册在医疗、预防、保健机构中执业的专业医务人员。

国家实行医师资格考试制度。医师资格考试分为执业医师资格考试和执业助理医师资格考试。具有高等学校医学专业本科以上学历，在执业医师指导下，在医疗、预防、保健机构中试用期满一年，或者取得执业助理医师执业证书后，具有高等学校医学专科学历，在医疗、预防、保健机构中工作满两年，或者具有中等专业学校医学专业学历，在医疗、预防、保健机构中工作满五年的，可以申请参加执业医师资格考试。具有高等学校医学专科学历或者中等专业学校医学专科学历，在执业医师指导下，在医疗、预防、保健机构中试用期满一年的，可以参加执业助理医师资格考试。以师承方式学习传统医学满三年或者经多年实践医术确有专长的，经县级以上人民政府卫生行政部门确定的传统医学专业组织或者医疗机构需要医师参加地区或卫生部统一组织的考试后，再进行内部聘任的方法。

国家实行医师资格考试制度，具备管理才能的临床医师可以在医疗机构中兼任行政职务，如科室正副主任、医院职能部门正副处长、医院副院长、院长等。

（二）护士

我国对护士也采用资格准入制度。《中华人民共和国护士管理办法》规定，护士系指按规定取得《中华人民共和国护士执业证书》并经过注册的护理专业技术人员。护士广泛分布于各类医疗卫生机构，如，综合医院、专科医院、民族医院、疗养院、卫生院、社区卫生服务中心、妇幼保健院、急救中心等。

截至2009年年底，我国共有护师（士）154.3万人，其中，126.2万人分布于医院，社区卫生服务中心（站）仅有3.7万人左右。根据2006年数据，注册护士以大专和中专为主，占总人数的89.3%，2/3的注册护士被聘为初级技术职务，近1/3的护士被聘为中级技术职务。近年来，护师（士）人数增长较快，高于其他卫生人员。

护士具备要求的学历和履职年限，在临床工作、科学研究等方面达到相应的要求后，可以申请相应的技术职务资格。技术职务由低到高依次为护士、护师、主管护师、副主任护师、主任护师。一般情况下，中专、大专学历的护士在医疗机构工作满一年，经考核合格后，可以申请护士技术职务（初级职称）；本科学历的护士在医疗机构工作满一年，经考核合格后，可以申请护师技术职务（初级职称）。不同的医疗机构对护士技术职务资格的取得有不同的具体要求。如主管护师资格的取得，部分医疗机构采用系统内部考核、聘任的方法，部分医疗机构需要护士参加地区或卫生部统一组织的考试后，再进行内部聘任。

具备了管理才能的护士在医疗机构中可以兼任相应的行政职务，如护士长、护理部正副主任等。

（三）药剂人员

药剂人员包括主任药师、副主任药师、主管药师、药师、药士、药剂员，医疗机构需要医师参加地区或卫生部统一组织的考试后，再进行内部聘任。

（四）检验人员

检验人员包括主任检验技师、副主任检验技师、主管检验技师、检验技师、检验技士和检验员。检验人员主要分布于临床科室的检验科或临床检验中心、非临床单位的一些检测中心或化验中心。

自 2000 年以来，我国卫生系统检验人员数量平稳，基本保持在 20 万～21 万人。以 2005 年数据为例，卫生系统检验人员 2/3 左右为女性，以中专学历为主，其次是大专学历。

（五）卫生监督员

卫生监督员指具有《卫生监督员证》且在卫生监督所（中心）、卫生监督检验（监测、检测）机构和疾病预防控制中心（防疫站）从事各类卫生监督执法、卫生监督检验（监测、检测）工作的人员。不包括具有《卫生监督员证》但在政府机关从事卫生监督执法工作的人员。

目前，卫生监督员主要分布于上述机构的食品卫生监督科、公共场所卫生监督科、职业卫生监督科、学校卫生监督科等，其执业范围主要包括综合卫生、食品卫生、生活饮用水卫生、化妆品卫生、职业卫生、公共场所卫生、放射卫生、学校卫生及传染病管理等。

据《2009 年中国卫生统计年鉴》，截至 2008 年年底，各类机构卫生监督员共有 26 023 人，主要分布于卫生监督所（中心）（66.73%）和疾病预防控制中心（31.1%）。从年龄来看，44 岁及以下卫生监督员数占总人数的 78.7%；从学历来看，以大专和中专为主，分别占 39.1%和 29.1%，本科及以上学历共占 20.2%，从聘任专业技术职务来看，中、初级占 73.4%，其中待聘人员为 21.6%。

（六）卫生行政管理人员

卫生行政管理人员指从事医疗保健、疾病控制、卫生监督、医学科研与教学等业务管理工作的人员，以及从事党政、人事、财务、信息、安全保卫等行政管理工作的人员。

截至 2008 年年底，我国卫生系统共有管理人员 41.3 万人，卫生系统管理人员也大部分分布于各类医院和诊所，相对其他卫生人员，管理人员在卫生机构中的分布相对平均。自1997年以来，卫生管理人员数量也呈减少趋势。在上述卫生人员中，管理人员大学专科及以上学历的比例相对较高，其专业技术职务聘任以初级和中级为主。

二、卫生行业各类人员的选择标准及原则

卫生行业中的医疗机构可以分为多种类型，其中提供从诊断到治疗以及持续护理的全面医疗服务的机构主要是医院。在我国，医院中的从业者大多数是卫生专业技术人员，即医务人员，包括临床医师、护士、药剂人员、检验人员、放射技术人员等。

（一）临床医师

世界卫生组织（1992）在“明天的一线医生”中提出了五星级医生的概念，指出未来的医生必须具备五个方面的能力：提供卫生保健、作出决策、善于沟通、领导社区、精通管理。我国医学教育的培养目标也体现了对医生的品德素质、知识能力和思维等多方面的要求。

1. 学历和经历要求

正规高等医学院校临床医学专业本科以上学历，完成相应的临床实习时数以及各临床学科的轮转要求，通过国家医师资格考试，具备执业医师资格。

2. 职业素质要求

无论初入医行者还是已成为大师、名家，都不能忘却医生的使命和责任，不能背弃医生的天职，“健康所系，性命相托”。“竭尽全力除人类之病痛，助健康之完美，维护医术的圣洁和荣誉。救死扶伤，不辞艰辛，执著追求。”这是前辈所立下的誓言，是医务人员一生的行为准则，也是医生对人民的庄严承诺。做一名合格的医生，一要有高度的职业使命感、为医学事业献身的崇高信念；二要有认真负责、兢兢业业的工作态度，科学严谨的工作作风；三要关爱患者、视同亲人，尊重患者、一视同仁；四要谦虚好学、执著追求、团结协作、不断进取；五要诚实守信，廉洁行医。

3. 知识和能力要求

（1）具备扎实的学科基础和专业知识。掌握医学基础理论知识，如，生物、化学、生化、医用物理、解剖、生理、组胚、病理、病理生理、微生物等知识；掌握临床医学理论知识，如，内科学、外科学、妇产科学、儿科学、眼科学、耳鼻咽喉

科学、口腔科学、皮肤科学、神经病学、精神病学、传染病学等，以及诊断学、医学影像学、核医学等。

（2）具备医学相关理论和人文社会知识。需掌握医学伦理学、循证医学、全科医学、康复医学、预防医学、流行病学、医学统计学、医学信息检索，以及哲学、心理学、美学、经济学、社会医学、卫生法学、管理学等方面的知识。

（3）具备基本的临床实践能力。医学是一门精于实践的学科，因而实践技能对于临床医师至关重要。基本的临床实践能力应包括病历书写和分析、体格检查和一般基本操作技术、辅助检查结果分析、临床判断和诊断能力等，这是医师资格考试的重要内容，也是对临床医师最基本、最重要的要求。作为一名执业医师，应能够独立解决本专业一般病症的诊断与治疗问题，对常见病的诊断、治疗、预防等方面有一定的临床经验，能够独立完成相应的病房、门诊、急诊等工作，并能在上级医师的指导下正确地救治本专业的危重、急症病人。

（4）具有一定的科研、创新能力。医生是需要终生学习的职业，现代医学取得突飞猛进的发展，新理论、新技术、新疗法不断涌现，临床医师应掌握文献检索、资料调查的基本方法，具备较强的电脑应用能力、外语能力，能够阅读专业期刊，了解所要从事的专业的国内外现状及发展趋势，具备主动学习、求知创新的意识，科学研究的思维方式，掌握医学科学研究的基本方法和技术，具备一定的科研选题、课题设计的能力，能针对临床工作中发生的问题进行科学研究并撰写论文。

（5）具有良好的沟通能力和团队精神。医生需具有较强的交流能力和清晰的表达能力，才能全面准确地表达自己的想法，从而获得理解、信任和支持。医生与患者的良好沟通、掌握好服务的艺术性、懂得沟通的技巧有助于医生对病情的分析判断和治疗，并减少医患矛盾的发生。医生还需具有团队合作精神，能与同事相互配合，取长补短，营造融洽、愉快、健康的工作氛围。

（6）熟悉卫生政策和法规。医疗服务行业是一种高风险职业，医师应有法律意识，具备法律、社会等全方位的知识结构，了解国家的卫生政策和卫生保健服务体系，熟悉各项医疗法规，如《中华人民共和国执业医师法》、《医疗事故处理条例》、《医疗机构病例管理规定》、《处方管理办法》等，做到依法执业，防范医疗纠纷，保障医疗安全。

（二）护士

现代医学模式的转变把人与社会和环境有机地联系起来，提出了以病人为中心、以健康为中心。护理的主要目的是促进健康，预防疾病，照顾不同年龄的病人（包括精神病人和残疾人），除面对疾病外，护理还要考虑患者的整体情况，要从心理、社会及环境诸方面评估病人，还要开展健康教育等，因而对护理工作和护士的能力提出了更新更高的要求。

1. 学历和经历要求

正规高等医学院校护理专业专科以上学历，通过国家护士资格考试，获得国家注册护士资格。

2. 专业素质要求

（1）专业知识。具有比较系统、完整、合理的知识结构是衡量护士业务素质的中心和基础，护士应掌握：①公共基础知识。②人文基础知识，如哲学、伦理学、心理学、美学、社会学、法律等。③医学基础知识，包括基础医学与临床医学知识，临床各科常见病、多发病诊治基本知识，常见病和急危重症的病情判断、护理干预、预防保健和康复的知识等。④与护理相关的药学、检验学、预防医学、康复医学等知识，如常用药物的使用方法、用药观察、配药禁忌的知识，临床常用化验、检查的正常值，不同人群的健康保健知识等。⑤护理学基本理论知识，急危重症护理的基本原则等。⑥专科护理知识。

（2）专业技术。良好的技能素质要求操作正规，精确熟练，包括：①基础护理操作技术。②护理体格检查技术。③急救、危重护理技术。④专科护理、专门监测操作技术。⑤整体护理技术。

（3）专业能力。护士的专业能力主要体现在临床护理能力、护患沟通能力、自主学习能力等几大方面。具体要求包括以下几点：

①临床护理能力，即应用护理程序解决各种健康问题的能力，包括发现问题、确定目标、制订计划、决策实施、评价反馈等。

②护理管理能力，如，病人的管理、药品的管理、护理质量的检查、组织协调能力等。

③护理教育能力，即具有教学意识，有实习带教和小组讲课的能力。

④护理科研能力，如，查阅文献、收集资料、简单分析资料，撰写综述、论文等。

⑤社区护理能力，即为个人、家庭、社区提供健康教育、指导和咨询的能力，如，健康档案的建立、健康宣传教育等。

⑥沟通合作能力，护患沟通能力是护士与患者之间准确传递感情、态度、知识、信息的能力，有效的护患沟通是提高护理质量的保证；另一方面，与同事有效合作

的能力是团队精神的体现。

⑦自我学习、自我发展能力，即能独立、持续地获得与专业有关的新知识，不断丰富自己并促进本专业的发展。

⑧使用外语和计算机的能力。

（4）专业态度。面向21世纪，护士除应具有扎实的专业知识、娴熟的操作技术外，更应具备良好的品质和专业态度。

①对护理专业有正确的认识和评价，要热爱护理事业，安心本职工作，有高度的同情心、责任心和敬业精神。

②科学、严谨、慎独、负责的工作态度：如，执行医嘱时“三查七对”，记录病情时客观、真实、及时、准确、完整，明确职责，自我监督，确保护理质量和安全。

③增强人性化服务意识，要树立“以人为本，以病人为中心”的服务理念，工作中应话语亲切、仪表端正、举止文雅、动作敏捷，对病人真诚热情、尊重宽容、关心体贴、同情爱护，使病人得到优质的护理服务，在和谐、温暖的环境中得到康复。

（三）药学人员

现代医院药学工作的目标是“提供负责的药物治疗”，主要工作内容已由传统的“药品供应”转变为“药品供应”和“直接面向临床的药学技术服务”。医院药师的工作任务主要分三方面：药品后勤保障、调剂制剂、临床药学服务等。临床药师的职责是提供良好的临床药学服务，包括临床合理用药、治疗药物监测、新药临床评价及临床药学研究等。

1. 学历和经历要求

正规高等医学院校药学专业专科以上学历，通过国家执业药师资格考试，临床药师应是临床药学专业硕士以上学历，或本科毕业后经过2年以上的专门培训。

2. 职业素质要求

药学是与人类健康和生命安全、与社会公共利益密切相关的特殊职业，药学职业道德规范是药学人员必须遵守的标准和准则，包括义务、良心、荣誉、审慎、同情等。一名合格的药师应具有良好的职业道德、健康的心理素质，以病人利益为重，做到关心病人，态度和蔼，钻研业务，精益求精；全心全意，极端负责；正直诚实，团结协作。

3. 知识和能力要求

（1）掌握药学专业知识。医院药学工作属于责任性大、关系公共利益的专业，对上岗人员应有严格的要求，其必须掌握药剂学、药理学、药物分析、药物化学、调剂学等方面的专业基础知识、基本理论和基本技能，了解学科发展趋势，用理论指导实践，又在实践中提高理论水平。

（2）拓展临床药学知识。临床药学是新的应用学科分支，掌握临床药学知识，对执业药师开展药学实践、指导临床用药具有重大意义。执业药师应学习并掌握《临床药理学》、《药物动力学》、《生物药剂学》、《临床药物治疗学》、《数理统计学》等临床药学的必需科目，并应用于临床工作中。

（3）熟悉临床医学知识。药师需指导不同病人安全、合理、有效地使用药物，因此，还要熟悉生物医学、临床医学、诊断学、分子生物学、药物疗效学、流行病学等医学综合知识，以了解分析病人的病因、病史、病情、诊治和用药。

（4）具有经济与管理知识。执业药师和医院药师应掌握经济学、信息学、心理学、统计学、药学史、药事法规等有关理论知识，对临床病人用药进行效用、效益、效果分析，设计最佳用药方案，能熟悉和运用“金额管理、重点统计、实耗实销”的药品经济管理办法，保证医院药品正常供应。

（5）具备法律意识。随着《药品管理法》等20多个管理办法的先后出台、颁布实施，我国已形成了初具规模的药政法律法规体系，同时确立了医院药学在医疗工作中的重要地位、组织形式、任务和发展方向等。作为一名药学人员，必须强化法律意识，学法、知法、懂法、执法，并能运用法规正确处理工作中出现的问题。

（6）掌握外语与应用计算机的能力。药学是一门实用科学，要跟上现代科学的发展，药学人员必须掌握新理论、新技术、新剂型、新制剂。因此，不仅要具备阅读和翻译外文资料、专业文献、外文说明书的能力，还应掌握计算机知识和操作技能，以便及时学习了解国际医药新动态，运用新知识、新技术促进药学事业发展。

（四）检验人员

检验医学是指对临床标本进行正确收集和测定，并作出正确解释和应用的一门科学，是医学的一个重要分支，也是近几十年来发展最快的学科之一。随着高新科技的迅猛发展，并与临床医学的相互渗透结合，检验医学的工作内容、方式及其在临床诊疗、科研中的地位和作用都发生了深刻的变化，对人才的需求也在发生重大变革。为适应我国医学卫生事业的发展，医学检验工作需要多层次人才，特别是能在各级医院、血站及防疫部门从事医学检验及医学类实验室工作的高级专业人才。目前，医院检验科的人员队伍包括了基本队伍和两翼队伍，前者占整个队伍的50％～60％。

1. 学历和经历要求

从事日常第一线检验诊断工作的人员是医院检验科的基本队伍，这部分人员应具有检验医学专业专科以上学历，在医院中的岗位为检验技士或技师；除基本队伍外，医院检验科中还有学科发展中侧重点不同的两个高级群体，右翼队伍为检验医师，左翼队伍为中高级的检验技师，他们应具有检验医学专业本科以上学历。

2. 职业素质要求

临床医学检验是医学诊断、治疗、预防中不可或缺的重要手段，检验人员与医生、护士一样，都要面对病人，特别是病人的血液、呕吐物、排泄物等，因此，检验人员更需具有高尚的职业道德和良好的专业素质，爱岗敬业，认真负责，实事求是，吃苦耐劳，以对病人极大的同情心、对工作高度的责任心，完成好临床医学检验任务。

3. 知识和能力要求

（1）具有扎实的专业知识和技能。检验人员应掌握本专业所有检验项目的基本原理、实验操作步骤、理论影响因素、实际操作时的注意事项，能正确分析检验结果，同时检验知识丰富，动手能力强，具有临床检验和卫生检验的基本能力，并做到一专多能。

（2）具备一定的基础和临床医学知识。检验人员应掌握生物化学、分子生物学、免疫学、病原学、细胞学等基础医学的基本理论，了解常见病、多发病诊治的基础知识，了解疾病的基本治疗药物及其对检验项目的影响。检验医师是检验学科各亚专业的学术骨干，应具备与临床沟通的能力，参加必要的临床培训，培养临床思维，为临床提供咨询服务，并具有该专业深层次的科研能力。

（3）具备熟练的实践和操作能力。检验技师是医院检验科中的技术骨干力量，应具有熟练的检验专业实践和操作能力，具有较强的仪器分析、应用化学、物理、生物工程、数理统计、计算机技术应用等基础，熟悉技术应用、质量管理、实验室认证、计算机网络、仪器维护保养等。

（4）具备相应的医学人文知识。医学检验人员应学习掌握心理学、伦理学、社会学、卫生法学等具有医学特色的人文社会科学知识，提高综合素质，在临床工作中强化服务意识，加强医患沟通，减少纠纷发生。

（五）管理人员

卫生行业管理人员主要分布于卫生部、卫生局、疾病预防控制中心和各级医院等卫生行政部门和医疗机构中，是指主要从事计划、组织、控制、协调和指挥活动的人员。根据其所从事的工作与卫生行业的密切程度，管理人员可以分为两类：第一类人员是业务管理人员，他们的工作内容涉及行业知识，比如医疗质量管理、医疗行业从业资格、卫生保健、疾病控制、食品安全、药品准入等，他们不仅要掌握医学专业知识和卫生行业的特点及运行方式，还需要有一定的管理学知识。第二类是行政管理人员，他们的工作内容并不具备卫生行业专业特性，如人力资源管理、财务管理、经营管理、物资设备管理、信息系统管理、档案管理等，这类人员应对卫生行业有一定的了解，更应具备系统全面的管理学基础理论及所从事专业的理论知识。

选择这两类管理人员，对其学历、经历及知识的要求有所不同，而对其能力和素质方面的要求是基本相同的。随着管理人员学历的提高和组织对员工培训的日益重视，管理人员的知识和技能水平基本都能满足组织发展的要求，但其能力结构的发展和发挥更多依赖于态度、价值观、性格等品德素质，甚至品德优势可以弥补知识和技能上的不足。因此，对管理人员的能力和素质要求要高于选择卫生行业的专业人员的要求。

1. 学历和经历要求

（1）业务管理人员。业务管理人员应具有正规高等医学院校医学相关专业本科及以上学历，有医疗卫生行业的实习经历，熟悉卫生行业特性，或参与过医疗卫生行业的科研课题研究或实际工作。

（2）行政管理人员。行政管理人员应具有正规高等院校相关管理专业本科以上学历，在卫生行业相关部门有实习经历或参与过实际工作，对卫生行业有一定了解。

2. 职业素质要求

随着卫生事业和科学技术的飞速发展以及知识经济时代的到来，卫生事业管理人才需要更高的素质水平。作为一名合格的卫生事业管理人员，应做到政治合格、业务精通、思路清晰、学习认真、工作创新。

（1）政治素质：坚持正确的政治方向，树立全心全意为人民服务的思想，具有正确的人生观、价值观，有较强的事业心、责任心和全局意识。

（2）职业道德：具有爱岗敬业、无私奉献的精神，忘我投入、认真负责的工作态度，理论联系实际、密切联系群众的工作作风，严于律己，正直、公平，不弄虚作假，不以权谋私。

（3）法制观念：国家法律、政策、条例等是做好管理工作的依据，卫生管理人员须正确理解、贯彻、执行党的路线、方针、政策，遵守相关法律、法规和规章制度，严格执法，廉洁奉公。

(4) 心理素质：保持稳定乐观的情绪，具有较强的逻辑思维能力，良好的记忆力及分析判断能力；处事果断，待人诚恳，性情温和；善于自我调节、自我约束，增强控制力。

(5) 服务意识：树立管理和服务相统一的理念，通过为管理对象服务，加强管理，加强学习。

(6) 集体荣誉感：管理人员在各项工作中都只是“一颗螺丝钉”，工作的成功必定是团队合作的结果，因此，需要有较强的团队协作精神和高度的集体荣誉感。

3. 知识和能力要求

(1) 知识结构。卫生管理人员必须具备医学科学、管理科学、人文和社会科学的完整的三维知识结构。

①熟悉医学科学理论的基本框架，包括基础医学知识、临床医学知识、公共卫生学知识等。公共卫生学中，应掌握流行病学、预防医学、环境医学、劳动卫生学、卫生统计学等知识。业务管理人员应系统掌握卫生事业管理的基本理论和方法，包括社会医学、卫生项目管理、卫生法学、卫生经济学、卫生政策学、医院管理学等。

②掌握管理学基础理论知识，如管理学原理、行政管理学、管理心理学、管理运筹学、组织行为学、公共关系学等。

③掌握从事专业所需的专业管理知识，行政管理人员须熟练掌握相关专业管理知识，如，财务管理、人力资源管理、工程管理、物流管理、行政管理、现代信息技术应用等。

④了解人文社会科学知识，如，哲学、政治经济学、心理学、伦理学、社会学、法学、逻辑学、领导科学等。

(2) 管理能力。卫生管理人员必须具备的能力包括以下几个方面。

①较强的综合组织和协调能力：具有很好的上下级间、部门间协调能力，能够综合协调各方面工作，积极应对突击性工作；处理突发事件，能沉着冷静、应对自如；能够从繁琐复杂的日常事务中找出关键环节和主要矛盾，并妥善处理，使管理工作高效运作。

②良好的沟通能力和社会交往能力：掌握人际沟通技巧、领导艺术，善于与同事合作，与上级和下属相处，在开拓工作的同时，广泛接触各界人士，活跃思想，促进交流。

③较强的理解力和执行力：正确领会、贯彻组织的战略规划、战略思想，明确目标任务，快速、准确地实施，随时解决实施中遇到的困难和问题，保证目标任务的完成。

④终身学习的能力：新的管理理念和方法的不断出现，需要管理人员不断学习，有针对性地吸收新的知识，使自己的学识不断充实和提高。

⑤不断创新的能力：能够通过思维的创新开辟新的领域，创造新的工作方法，与团队成员共同努力创造性地开展工作。

⑥一定的科研能力：能够结合实际工作，总结经验，撰写管理论文。

⑦熟练运用外语及计算机技术的能力：卫生行业管理人员不仅需要掌握国内卫生行业的发展状况，也需要了解国外的管理模式及信息，因此，需具备一定的外语知识，并对计算机、网络、系统、数据库等方面知识有一定了解，并能熟练运用办公自动化系统和现代化办公设备。

⑧清晰的语言文字表达能力：做到合法、得体、真实、简明、准确、规范、完整、清晰，力求客观性、时效性、概括性和逻辑性的完美统一。

（六）卫生监督人员

卫生监督人员担负着公共卫生的监督、监测、审查，突发公共卫生事件的调查、控制，依法实施行政处罚等职责，因此，需要卫生监督员不仅要掌握专业知识和专业技能，更重要的是要学会如何适应新的环境，并能在新的环境中学习创新、工作创新、有思路、有发展。这就要求卫生监督员必须具有较高的道德文化素质、较强的专业素质、健康的心理和强健的体魄。

根据卫生部制定的《2005～2010年全国卫生监督员教育培训规划》要求，到2010年，具有相关专业大专以上文化程度的卫生监督员，在国家级和省级卫生监督机构中将占98%以上，在地（市）级将达到95%以上，在县级将达到80%以上。为培养一支高素质、专业化的卫生监督员队伍，规划提出，至2010年，建立和完善卫生监督员培训基地、培训教材、培训师资队伍，初步形成覆盖全国各省、地（市）、县的三级培训网络，力争达到每名监督员每年都能至少接受一次培训，进一步优化卫生监督员的知识结构，使卫生监督员从传统业务型向法制型、综合型转变，增强卫生监督员的依法行政能力，提高卫生监督员整体素质，建立专业比例合理的卫生监督员队伍，推进卫生监督综合执法。

1. 学历和经历要求

具有正规高等院校医学、生命科学、食品、化学等相关专业本科以上学历，并且通过卫生监督员资格考试，经国家有关部门选拔和任命的人员才能成为卫生监督员。

2. 职业素质和知识能力要求

（1）政治素质。卫生监督员必须具备较高的思想政治素质，爱岗敬业、认真负责、无私奉献，才能担负起为保护人民健康、保护社会公共卫生安全的神圣职责。

（2）职业道德。卫生监督员要遵纪守法、作风正派、实事求是、忠于职守，有法必依、执法必严。只有具备较强的职业道德，才能树立监督人员“依法治国”的良好形象，才能促进被监督对象增强遵守法律法规的自觉性和积极性。

（3）综合素质。卫生监督员必须具备较高的综合素质。既要熟练掌握和运用与本职相关的各项法律法规、与卫生行业相关的技术规范，又要一丝不苟地执行工作程序，才能正确履行卫生监督职责。如，对卫生技术人员的监督、传染病防治监督、国境卫生检疫、职业卫生监督、食品卫生监督、与健康相关产品卫生监督、放射卫生监督、学校和公共场所卫生监督、妇幼卫生与计划生育监督等不同的监督工作，不仅需要法律法规知识，同时需要相关专业领域的技术知识。

（4）专业知识。卫生监督涉及医学、药物学、卫生学、法学等自然科学和社会科学，监督活动是一项严格的行政执法活动。卫生监督员除了需要掌握相关的医学、药学、卫生学等学科知识，运用公共卫生、流行病学等专业的基本理论、技术和方法，认真做好卫生评价和管理工作外，同时还必须具备法学知识，熟练掌握和运用法律法规，做到知法、用法和宣传法律知识。

第三节　医药企业介绍

医药行业是一个公认的国际性朝阳行业，在各国的产业体系和经济增长中都起着举足轻重的作用。医药行业是我国国民经济的重要组成部分，其主要门类包括化学原料药与制剂、中药材、中药饮片、中成药、抗生素、生物制品、生化药品、放射性药品、医疗器械、卫生材料、制药机械、药用包装材料及医药商业。医药行业的下游产业除医疗卫生外，目前正向保健食品、器材、卫生用品、化妆品、环保产业、绿色农业等方向渗透。作为医药行业主体的医药企业，越来越受到全社会的关注，同时，医药企业人才需求也在迅速增加。

企业是指以盈利为目的从事生产、流通或服务等经济活动，向社会提供商品或劳务以满足市场需要的基本经济组织。企业必须具有法人资格，实行自主经营、自负盈亏和独立核算。企业分为工业企业和商业企业两大类。工业企业是指从事工业性生产的经济组织，它利用科学技术、合适的设备，将原材料加工，使其改变形状或性能，为社会提供需要的产品，同时获得利润。商业企业是指从事商业性服务的经济实体，它以盈利为目的，直接或间接向社会供应货物或劳务，以满足消费者的需要。

一、医药企业的概念与特点

从企业的概念出发，医药企业是指专门从事药品生产、经营活动以及提供相关服务的企业。根据生产、流通领域的不同，医药企业可分为药品生产企业和药品经营企业。

从产品形式来分，药品生产企业又可以分为原料药生产企业和制剂生产企业。药物制剂是通常意义上我们所说的药品，直接供医生和患者使用，而原料药作为药物制剂的主要成分，指具有一定药理活性、用作生产制剂的化学物质。化学原料药生产大都经历了物理或化学变化，工艺复杂、专业面广、生产周期长，前部分是生化（或合成）过程，后部分是精细化工过程，生产的全过程兼容了食品生产与流程性生产企业的过程。

从药品大类看，药品生产企业又可分为化学药物生产企业、天然药物生产企业、生物药物生产企业。化学药物是指用化学方法合成的西药成药。天然药物是指一切具有药用价值、可直接提供药用的植物、动物及矿物或这些天然产品的简单加工品，也包括从天然产品中提取出的有效部位或成分，广义上说，天然药物包括欧美植物药、日本汉方药和绝大部分在中国及其他国家的传统药物。生物药物是指运用微生物学、生物学、医学、生物化学等的研究成果，从生物体、生物组织、细胞、液体等，综合利用微生物学、化学、生物化学、生物技术、药学等科学的原理和方法制造的一类用于预防、治疗和诊断的制品。生物药物的特点是药力活性高、毒副作用小、营养价值高。

从专利保护的角度看，医药生产企业生产的药品可以分为两种：专利药与仿制药。专利药是制药企业经过研究开发新的药物成分，再实施严格的实验，包括动物实验、人体临床实验等，再经过各国药政单位审核之后，才能上市的品牌药（brand drug），又称原厂药。仿制药是所谓的通用名药（generic drug），又称副厂药，指品牌药的专利过期后，通用名药公司仿造原来品牌药的成分，加上一些简单的临床试验，或直接使用原来品牌药药厂所做的实验资料，而向药政单位申请审核上市的药品，通用名药的好处在于节省了开发新药所需花费的各种动物或临床实验的费用，可以大幅降低通用名药的价格，且因为药物成分类似，所以，基本有一样的药效。各国政府都给予专利药足够的保护，拥有专利药的医药厂商有足够的时间去谋取超额利润，仿制药只是这些知识产权保护到期后对人类健康的一种合理回报。

与一般企业相比，药品生产企业具有以下特点：

（1）产品的技术含量高。人类最新科技成果总是以第一时间被生命科学及与之紧密相关的医药行业所运用。医药行业和医药企业的发展是一个国家基础研究和各类前沿科学研究进展的具体体现，需要分子生物学、细胞生物学、生物工程学、组合化学、材料学、计算机科学等多学科相互配合支持，同时还需要超微量分离分析技术、细胞培养技术、基因重组技术等多种技术手段联合运用。

（2）研发投入高、周期长、风险高、收益大。医药产业是为世界公认的高技术产业，具有投入高、周期长、高风险、高收益的特点。目前，发达国家研发一个新药一般要8～12年，需要投入资金8亿～14亿美元，研发投资占企业销售额的比例为15%～20%，是所有行业中最高的，约为所有行业平均水平的4倍。新药研发具有高风险性，从合成提取、生物筛选、药理、毒理等临床试验、制剂处方及稳定性试验、生物利用度测试和放大试验直到用于人体的临床试验以及注册上市和售后监督一系列步骤，一旦研发失败，就会使巨额投入血本无归。有关资料表明：在国际上，进入临床研究的新药最终能实现产业化并进入市场的仅占5%～10%，其研发风险之高居各行业之首。即使进入市场的新药也存在巨大的市场竞争风险。对于投入市场并成功开发市场的新药，其投资回报率很高，发达国家医药行业的销售利润高达30%，尤其是拥有专利技术的产品，在专利期内，该药享有市场独占性，其利润率大大高于非专利药品。

（3）社会效益与经济效益并重。追求经济效益是任何一个医药企业的主要经营活动目标，但医药产品是一种特殊商品，必须将防病治病、促进人类健康、保护人类生命安全作为重要社会责任。2006年发生的“齐二药事件”、“鱼腥草事件”、“欣弗事件”都反映出医药企业必须要重视社会道德和社会责任，一定要讲社会效益，不但要对企业的自身生存与发展负责，更要对人民的生命健康负责。

（4）生产经营活动过程法律及规范多。由于医药产品与人类生命健康密切相关，世界各国都对药品的生产经营颁布了相关的法律和规范进行控制与管理，我国于1985年7月1日正式实施《中华人民共和国药品管理法》，之后又陆续颁布了《药品生产质量管理规范》（GMP）、《药品临床试验管理规范》（GCP）、《药品非临床研究质量管理规范》(GLP)、《药品经营质量管理规范》(GSP)、《中药材生产质量管理规范》(GAP)、《药品流通监督管理办法》等一系列法律法规及规范，对医药企业的产品研发、生产和经营活动进行规范管理。

二、国际知名医药企业及在华发展情况

（一）世界医药行业发展与国际知名医药企业

当前世界医药行业呈现两大发展趋势：一是超大规模的跨国制药公司的资本购并活动高潮迭起；二是医药高新技术领域竞争日趋白热化。跨国公司重组购并的目的就是要在未来更加激烈的国际竞争中增强核心竞争力——技术开发实力和市场控制力。

高技术、高回报的医药产业，一直是发达国家竞争的焦点。跨国公司为了增强国际竞争力，通过大规模的联合与兼并和国际资本运作，建立全球性的生产与销售网络，扩大市场份额。在世界范围内，全球前十强的制药企业已经占有国际药品市场份额的59%。《财富》杂志公布的2010年世界500强企业中，有来自经济发达国家的12家医药企业入选 ，见表5-2。

表5-2　2010年进入世界500强的制药企业排名

2010年排名	中文名称	国家/地区	净利润（百万元）
108	强生公司	美国	12 266
140	美国辉瑞公司	美国	8 635
153	瑞士罗氏公司	瑞士	7 169
160	瑞士诺华公司	瑞士	8 400
163	英国葛兰素史克公司	英国	8 626
169	法国赛诺菲一安万特集团	法国	7 318
170	拜耳集团	德国	1 889
226	英国阿斯利康公司	英国	7 521
250	美国雅培公司	美国	5 746
294	美国默克集团	美国	12 901
396	美国礼来公司	美国	4 329
405	美国百时美施贵宝公司	美国	10 612
463	德国勃林格殷格翰公司	德国	2 445

随着社会经济发展，新兴国家在全球药品市场上所占的份额逐年增加。面对新兴国家药品市场正在迅速扩大，世界制药业巨头不能无视新兴国家的高速经济增长和诱人的低成本。据报道，西方国家医药实验室目前瞄准的是新兴国家最需要的消炎和抗病毒类药品。另外，工业社会容易出现的糖尿病、呼吸道疾病和癌症等慢性病也呈加速蔓延趋势，为各大制药公司提供了商机。

（二）国际知名医药企业在华发展情况

据记载，早在20世纪初就已经有跨国制药企业的先行者开始了在中国的经营活动，如美国的礼来公司在1903年就在当时的上海成立了代表处，瑞士的罗氏公司、德国的默克公司等也在同期陆续进入中国，但它们与中国市场真正开始全面的“亲密接触”，还是改革开放以后。20世纪70年代中后期，我国逐渐恢复了药品进口，80年代，国家医药管理局提出了以“新产品、新技术、外向型”为基本内容的“医药行业利用外资指导三原则”，医药行业开始大规模地引进外资。进入20世纪80年代后，跨国公司在中国从最初设立药品生产基地，再到研发、生产、销售、采购等经营整体转移，最后进入中国医疗体系的市场竞争，走出了一条投资布局逐渐深化的道路。

目前，世界前20名的跨国医药公司都在中国设立了合资工厂。如，2001年4月，阿斯利康投资1亿美元在无锡设立工厂；2004年10月，葛兰素史克在天津投资1.36亿美元修建工厂等都曾轰动一时。此外，许多中国药企都留下了外资控股运作的身影，如，西安杨森、天津中美史克等企业外方控股都超过了50%。而近年来，外资新设立的合资企业，外方往往要求控股90%以上。作为新兴市场，跨国制药公司在华获得了巨额利润，数据显示，继各大跨国药企2006年在华销售收入平均同比增幅超过15%之后，2007年这一增幅的平均数又跃上20%。增幅最高的罗氏公司，去年的全球销售额增长10%，而在中国市场增幅则高达30%。对比最明显的是诺华公司，其制药环节在全球的销售额增幅仅6%，在中国的销售额增幅却高达24.5%。

与此同时，跨国医药公司也为中国在资金、就业机会、产品、技术、理念、营销方法、管理体制和人才诸多方面带来了巨大益处。此外，许多国际标准也伴随着跨国企业进入中国，例如GMP、GSP、GCP和GLP等，现在这些标准已经成了中国法规政策中的重要部分。当然，跨国企业也给中国带来了全新的市场营销与产品推广模式，并随之产生了一些新的职业，如，医药代表、产品专员、职业医药经理人等。在30年的变迁中，很多重要岗位的领导者已经从外国人变成了中国人，跨国企业培养出的很多本土人才已走出了跨国企业，在本土企业中找到了自己的位置，为本土药企发展正发挥着重要作用。最为重要的是，跨国企业在中国设立研发中心。特别是近几年，随着全球性医疗开支缩减与近年专利药专利保护期大规模到期等原因，跨国医药企业不得不加大新药研发，并展开错位竞争，以缩短新药研发周期，加快上市步伐，中国逐渐成为跨国药企首选地之一。诺和诺德、诺华、阿斯利康、罗氏制药等跨国制药巨头相继喊出“研发，到中国去”的口号。不仅如此，跨国公司为实施其全球战略，还不断整合在华医药业务，实行并购，跨国企业或国内外资企业的并购以战略并购为主。

三、我国医药企业及发展现状

（一）我国医药行业发展与知名医药企业

从传统药品生产的前店后厂、手工作坊；发展到新中国成立后建立了一大批医药生产企业，再到改革开放以来不断引进先进仪器设备与技术，实现了药品生产的现代化，并建立了适应市场经济的现代企业制度和运行机制。随着社会的发展和人民生活水平的不断提高，我国人民对健康的需求越来越突出，医药行业在国民经济中也占有日益重要的地位。

目前，在全球 2 000 余种化学原料药产品中，我国能生产 1 400 余种，其年产能力仅次于美国，位居世界第二位，其出口额大约占我国医药产品出口额的 50%，占全球原料药贸易额的 1/4。但其中只有 60 多种化学原料药在国际市场具有较强的竞争力，已有 50 多家原料药企业通过了美国 FDA 认证，增强了我国医药企业的标准化程度和国际竞争力。但国内医药生产企业每年需要从国外进口大量的高端原料药。

（二）我国医药企业发展现状

2010 年，中国企业 500 强的营业收入为 27.6 万亿元人民币，资产总额达 91.3 万亿元人民币，平均数 552 亿元。但进入 500 强的 18 家医药企业，营业收入没有一个超过平均数的。18 家合计 1 580 亿元，与世界 500 强中排名第 140 位的辉瑞公司相当，只相当于强生的 71.6%。随着世界知名医药企业进军中国，以及 2001 年中国加入世贸组织，我国医药企业在发展上面临更为严峻的考验。

（1）医药生产企业规模小，数量多。截至 2008 年 4 月，我国共有药品生产企业 6 693 家（其中合资企业 1 500 余家），较 2006 年增加了 43%。据统计，2007 年上半年，医药工业累计完成工业生产总值 2 913.2 亿元，还不及美国强生和辉瑞两家制药公司销售收入之和。

(2) 医药企业缺乏拥有自主知识产权的产品，且产品重复严重。制药业以仿制药品为主，在能生产的1 500多种化学药品中，有97.4%都是仿制品。产品结构单一，重复严重，导致市场竞争激烈。缺乏高端原料药生产企业。

(3) 中药企业缺乏国际竞争力，急需现代化。由天然药物制成的药品已占全球药品市场总量的30%，国际植物药市场份额已达300亿美元，大部分为日韩企业的“汉方药”或“植物药”所占领，中国的中药占交易额的3%左右，而这3%中，中药制成品的出口量每年都在一亿美元上下。这一亿美元的份额中，中药原料提取物的比例又在不断提高，可见，中国出口的大多还是原料药。这样的一个格局清楚地揭示了中药在世界天然药物市场中所处的地位。近年来，这些打着“汉方药”或“植物药”的外资，也开始大量进入中国本土市场。

(4) 医药销售企业数量多，无序竞争激烈。据统计，2006年年底全国持有《药品经营许可证》的企业共有334 236家，其中法人批发企业9 318家、非法人批发企业3 437家；零售连锁企业1 826家，零售连锁企业门店121 579家；零售单体药店198 076家；全国持有《医疗器械经营企业许可证》的企业共有144 977家。医药流通领域企业过多，导致市场竞争无序，市场失控。相比之下，发达国家的药品市场集中度较高，且市场秩序规范。比如，美国前十位药品经销企业控制着全美95%以上的市场份额；日本的药品经销企业约为140家，其中前十位企业的销售量占市场的50%以上。

四、医药企业发展前景

从全球范围看，据美国IMS战略小组预测，今后10年，全球药品销售额将保持每年7%的增长速度，随着医药行业的高速发展，天然药品、生物药品和非处方药将三分天下，形成21世纪药业的三大新兴市场。据国家药品监督管理局南方经济研究所的预测，未来医药行业将呈五大趋势：中成药市场竞争加剧、处方药生命周期缩短、第三终端市场竞争加剧、批发企业走向集中化、委托生产成为新趋势。总之，随着国民经济的持续发展，人们生活水平的不断提高、人口的增长、社会的老龄化和农村医药市场的逐步扩大，我国对新的治疗方法和新的药物的需求将持续扩大。医药行业作为朝阳行业的基础在为生物科技的不断发展提供了技术可能性、为老龄化社会提供了庞大的消费群体、为政府福利支出加大提供了大笔买单。单就农村合作医疗资金来看，目前各种来源资金总计每年100亿元，而两年后将达到300亿元以上，农村医疗增长的潜力是十分巨大的。

从整体上看，医药工业在我国国民经济中发展情况良好，未来发展前景也很看好。医药制造行业是典型的技术型行业，唯有新产品和特色产品才能在市场竞争中立于不败之地。相对于国际医药企业高比例的研发投入，转变经济增长方式，积极推进医药技术创新将成为我国医药行业十二五规划重点之一，并积极推进医药企业国际认证，帮助我国医药企业进入国际市场。中国医药业的制造能力，特别是仿制能力已居世界领先地位。在原料药方面，我国产品的价廉物美吸引了全球制药厂商和经销商的目光，特别是海正药业等一批原料药企业已经在国际认证上走在前列，原料药出口消化了一半的生产能力，世界原料药制造开始向中国转移。同时，制剂制造能力也出现过剩，十二五的重点之一将是帮助中国医药企业在制剂认证和出口上迈开国际化的脚步，抓住世界通用名药市场高速增长的机会。为应对加入世贸后的挑战，我国医药业将加速战略重组，用 5 年左右时间，扶持建立 5～10 个面向国内外市场、年销售额达 50 亿元以上的特大型医药流通企业，建立 40 个左右年销售额达 20 亿元左右的大型企业，这些企业的销售额要达到全国销售额的 70%以上。

中药产业多年来一直保持着较快的增长速度，全球市场正处于快速增长期。国际植物药市场份额以每年 10%～20%的速度递增，全球对天然营养药品的需求正以 70%的年增长率递增。据世界卫生组织统计，目前全世界有 40 亿人使用中草药治病，占世界人口的 80%。各国正不断放宽对中医药的限制，中药销量逐年攀升，中医药产业在全球正迎来一个新的发展机遇期。根据《中医药创新发展规划纲要(2006～2020 年)》，积极推进中药国际化和现代化。中药在中国拥有悠久的历史，同时也是中国在医药方面最有机会取得自主知识产权的领域。近 10 年来，中药的现代化方面取得了不错的进展，涌现出天士力这样优秀的中药现代化生产企业，但是中药的国际化方面却遭遇困境。借助世界天然药物使用风潮的涌现，中药现代化与国际化将成为十二五的重点之一。

合同研究组织（Contract Research Organization，CRO）、外包服务（outsourcing service）作为一个新兴行业，发展非常迅速，顾名思义，即药品生产企业将研发中的某一步骤外包给另一企业来做。CRO 能够向制药工业提供从先导化合物合成及工艺直到新药上市后安全监测的全程服务，形成了完整的产业链。2007 年，新药研发外包服务的市场总值达到 150 亿美元，预计 5 年内会翻一番。然而，从环节和区域的角度看，研发外包服务市场发展并不平衡。我国医药企业由于研发能力有限，科研人才薪金偏低但素质相对较高，因此，不少外国公司将新药研发的某些步骤交给了中国公司进行。目前的 CRO 基本上都是国内中小企业或研究机构承接外国公司的业务。中国医药研究开发中心有限公司副总经理于中生认为，我国创新药研发能力有限，而CRO能帮国内企业熟悉国际规则、采用国际技术，最终的目标应该是为我国新药研发做铺垫。尽管目前没有国内从事CRO企业的统计数据，但业内人士预测，CRO肯定将成为国内不少医药企业的一个利润增长点。但CRO绝不是我国医药企业的终极目标。

第四节　医药企业人员分类及选择标准

一、医药企业人员概述

现代医药企业把人视为一种资源，以人为中心，强调人和事的统一发展，尤其注意开发人的潜能，注重人的智慧、技艺、能力的提高和人的全面发展。在个人素质方面，员工要具备良好的思想素质、道德品质、学习能力、知识水平、专业技能和身体状况；在群体素质方面，医药企业要有团结协作、同心同德、相互促进的人力资源群体，要有合理互补的专业、知识、智能、年龄等结构，以发挥最大的整体效能。虽然不同的医药企业职位设置不尽相同，但粗略可分为营销人员、管理人员、研发人员三大类。

近20年来，我国医药行业以平均每年18%的速率增长，其对人才的需求远远高于市场供给。在近期全国人才需求量最大的前十个行业里，生物、医药类已升至第5位，在销售类人才的十大排名中，医药销售人才也已跻身第10位。医药英才网反馈的企业热招职位还有：中端人才包括区域销售经理、产品经理、CRO项目经理、QA/QC质量工程师、生物制药与医疗器械研发工程师等；高端人才包括医药及医疗器械全国市场总监、销售总监、医药研发总监等。从事药品开发、研究的职业，对专业能力的要求非常高，相应地对学历等各个方面的要求也会比较高。从事生产质量保证等工作，对学历的要求没有那么高，但对相关专业知识的要求依然是很严格的。相比之下，从事销售工作专业要求要低一些，而更侧重销售能力。

（一）医药营销人员

在我国，市场营销观念已经深入到医药企业内，随着国内医药行业的一步步规范化，无论是国有医药企业、民营医药企业，还是外资医药企业都站在同一起跑线上参与对国内药品市场的竞争，其核心是对营销人才的竞争。人们对市场营销的观念也有更深的认识，所以，对这方面人才的需求将继续看好。目前，医药营销人员市场需求量最大，约占医药企业招聘职位的70%。目前，从事销售工作专业要求要低一些，而更侧重销售能力。

营销专业是医药行业市场需求较大的专业，就业前景很广阔，历年平均就业率达97%左右。但营销类专业由于所有高校基本上都设置了这个专业，导致连年供给不断增加，反映在人才市场上就是低层营销人员的薪资水平被拉低。有些医药企业的市场营销人员大部分都是从其他专业或行业发展过来的，很多高级市场营销管理人员也没有接受过系统的营销知识培训和学习，做市场完全靠的是他们的经验和对医药行业发展前景的感觉，市场运作的科学性、系统性不强。这种状况已经难以适应国内、国际不断提高的市场竞争水平。因此，医药企业急需那种具备系统营销知识和医药医学背景技能的人才，特别是高级市场策划和管理人员。我国医药行业的企业在新经济形势下缺少既懂管理又懂技术、既熟悉国内医药市场又熟悉国际医药市场的复合型高级管理人才，好的产品经理、市场营销总监、市场营销经理等高级营销管理人员将会是医药企业的重点争夺对象。

产品经理（product manager），又称品牌经理（brand manager），负责策划产品或与产品有关的活动，具体分析市场（含消费者、竞争者和外部环境），利用这些信息为产品制定营销目标和策略，并争取研发、生产、市场调查、财务等部门的支持，获得高层管理人员的协助与支持。“品牌经理”负责对产品销售全方位的计划、控制与管理，灵敏高效地观察市场变化，改善公司参与市场竞争的机能，能够覆盖更多的顾客需求，拉长产品的生命周期，从而为企业赢得更广阔的市场和更具发展力的空间。20世纪70年代后，欧美制药企业广泛采用产品经理负责下的产品管理制，产品经理由此被誉为产品的“总经理”。中美史克的“康泰克”、“芬必得”，西安杨森的“吗丁琳”、“达克宁”，施贵宝的“施尔康”，辉瑞的“络活喜”，诺华制药的“扶他林”等都是跨国企业品牌战略在中国的成功实现。20世纪90年代开始，国内的制药企业也开始了产品品牌管理，“步长脑心通”、“地奥心血康”、“复方丹参滴丸”、“斯达舒”、“感康”、“快克”、“白加黑”等家喻户晓，销售业绩明显。

市场总监（Chief Market Officer，简称CMO）是指企业中负责市场运作的高级管理人员，有的企业叫营销总监，或是主管市场的副总裁。在企业非常重视营销的今天，CMO几乎成了企业的宠儿。其主要的职责为：寻找市场机会，确定市场营销战略和贯彻战略决策的行动计划，完成企业的营销工作，在企业中进行营销思想的定位、指导和贯彻的工作，及时、准确地向企业的各个部门传递市场及企业的要求，做好信息沟通工作；负责企业市场营销战略计划的执行，在计划实施过程中，对执行过程进行控制，做好内部协调关系工作；对企业市场行为进行监督，对市场需求做出快速反应，使市场营销效率最大化，代表并维护消费者利益，负责或参与企业文化的建设，做好组织、激励工作。因此，具有战略规划能力、经营决策能力、沟通协调能力、危机处理能力、学习与创新能力等都非常重要。

另外，医药代表在药品营销中占有重要位置。我国实行药品分类管理，处方药品与非处方药品（OTC）的营销运作上，在前期是大致一样的，但是在销售的最终环节上却走向不同渠道，这就使两类药品在销售方式上各有特点。OTC药品在营销策略和技巧上与其他消费品相似。而处方药只可以在国家卫生行政部门和药品监督管理部门共同发行的医学、药学刊物上介绍，不得在大众媒体发布广告以及用其他方式进行以公众为对象的宣传，而且处方药必须经过具有行医资格的医生开处方才可使用，所以，它的营销终端主要是医院。它的销售关键是获得医生的支持和推荐，尽管病人是最终使用者，但选择药品的决策者却是医生。所以，处方药的销售实际上是医药代表以医院为核心的推销行为。医院内客户主要有三类，即药剂科人员、临床科室医生及护士、医务科人员，这其中最关键的客户是医生。由于临床治疗的需要，医生在使用新药时会有两方面的考虑。一是药品因素，医生必须确认临床上对该药品有治疗需求，如现有药物不能取得满意疗效，而新药物疗效优于现有药物，并且使用方便、安全性好，性价比合适。二是医药代表的因素，医药代表的产品介绍必须使医生信服，无论从药品的药理特性还是临床验证的文献，医药代表都能提供足够的、有说服力的证据证明该产品符合医生的疾病治疗需要。同时，使医生了解并熟悉企业的情况，增强对医药代表个人与企业的信任。通常只有当医生接受了新药品的确值得尝试解决临床问题，并认为医药代表同样值得信任时，医生才会真正开始尝试使用某种新药。因此，医药代表的专业背景、沟通表达、产品知识运用和诚实守信等显得格外重要。

（二）医药管理人员

由于企业中的管理涉及生产、设备和动力、物资、售后服务、财务、行政及人力资源等方方面面，专业要求上不限于医学和药学专业，工作中人员相对稳定。医药管理人员市场需求量约占医药企业招聘职位的20%。

药品是人类与疾病斗争的有力武器，药品质量的好坏，直接关系到人们的身体健康和生命安全。我国医药企业要求实行药品生产质量管理规范（GMP），世界卫生组织（World Health Organization，WHO）的药品生产质量管理规范（1992年）

第十章对“人员”规定得十分具体详细。我国药品生产质量管理规范（1998 年修订）第二章对机构与人员有明确规定。

我国 GMP 对岗位人员，即药品生产操作人员及质量检验人员，没有规定具体的学历。随着社会的进步，岗位人员应具备高中或医药中专以上学历。除了生产与质量管理人员外，其他管理人员根据岗位需要，招聘不同专业的毕业生或有一定工作经验的员工。

（三）医药研发人员

中国具有医药人才质优价廉、临床实验资源丰富、原料来源广泛等优势，这让因新药研制成本不断上升而倍感困扰的全球制药企业争相移师中国。虽然医药研发人员市场需求量相对较小，约占医药企业招聘职位的 10%，但在专业、学历、经验、创新等方面要求较高。

药学专业毕业生主要分配到制药厂和医药研究所从事各类药物开发、研究、生产质量保证和合理用药等方面的工作，也有很多人从事药品销售代理。社会对药学人才的需求正在增加，本专业的大学生就业率高达 95%。制药业发展较快，尤其是生活水平提高以后，人们对保健品的需求在增大，企业对药学人才比较青睐。另外，生化药品是一个新兴、尖端的行业，发展前景很好。外资企业偏重研发，国内企业偏重仿制，但随着市场经济的不断完善，企业发展的动力还是来源于自主知识产权药物的研发，另外，CRO 市场的急速扩张和向发展中国家转移为我国提供了重大机遇。随着跨国医药企业新药研发外包服务在中国的不断发展，研发人员的需求也在不断上升，尤其是既懂得药理研究、又有医院临床实践经验，能在找准市场需求基础上进行项目策划、组织运作、落实研发和生产并担当管理职能的复合型人才极为紧缺。

在研发上，中药研发在我国占有重要位置。经过千百年的临床实验，以中药为研究对象的项目远比从事其他研发项目失败率低，因此，中药研发被国内诸多企业看好，我国的中药研发人才优势凸显。与西药相比，我国的中药研发人才在技术、项目开发、生产、临床实验方面具有绝对优势。很多中医药研发企业已与国内各高校进行人才对接，将中医药大学的博士生工作站人员输送到企业，同时企业的研发总监由高校博士生导师或权威人士担当。随着人才竞争加剧，国内企业的中药研发人才成了外资企业争抢的对象，竞争将更加激烈。

二、一般医药企业的机构框架

高等医药院校的毕业生根据自身素质及兴趣的不同，在选择医药企业时，可以关注上述相关岗位介绍的任何一个部门的岗位，但通常与医药院校毕业生最有相关性的则是研发、质量控制、销售或市场、医学部等方面的岗位，并在这些岗位上有很大的发展空间，可以在积累一定的经验和技能之后，进入企业的管理层。一般医药企业的组织架构见图 5-2。通常而言，医药企业不同，上述部门的归属也可能不同，但就从事的工作内容来说，主要有以下各方面：

（1）生产相关部门（包括质量控制 QC 和质量分析 QA）。

（2）研发相关部门：由项目经理或项目负责人负责统筹，项目组成员负责实施。

（3）临床研究相关部门：负责药物的各期临床实验。

（4）药品注册相关部门：上市前药品的注册申请和上市后药品的说明书（有些企业，像西安杨森就是临床研究、药品注册、法律事务等都归在医学部下面，医学部与市场部和营销部并行）。

（5）医学信息相关部门：为药品的销售和临床应用提供医学信息支持。

（6）政府事务相关部门（与注册有重叠部分）。

（7）市场部。

（8）销售部。

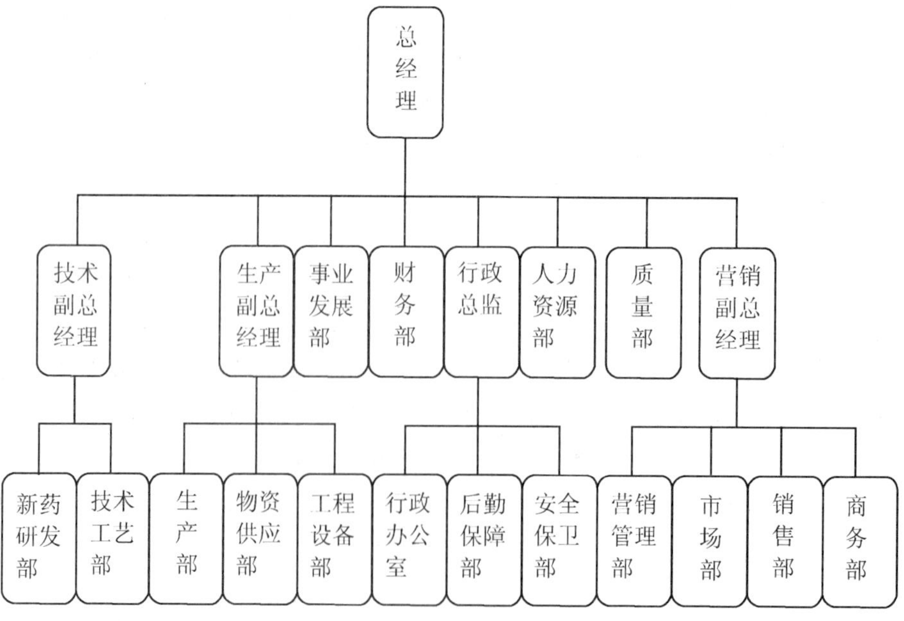

图 5-2　医药企业组织架构

第六章　职业生涯规划的原则、方法与步骤

职业生涯是指一个人终生经历的所有职位的整个历程。职业生涯是我们人生中一个非常重要的组成部分，其对个人诸多方面，比如家庭经济生活状况、个人身心发展、后代的养育等，都会产生非常重要的影响。简单地说，职业生涯规划是指个人对自身未来职业生涯的发展要有一个战略性思考和安排。具体讲，职业生涯规划是指个人根据自身情况，结合社会需要，为自己确立职业发展目标，寻找差距，制定弥补差距的行动方案以及实施行动方案。

规划不是计划，规划是一种战略决策，而计划是战术行为，规划是对大方向的掌控，而计划是实现规划的具体行动安排。计划要保持灵活性，能随时应环境的变化而做出灵活的变动。

医药类毕业生虽然专业性较强，但其就业方向仍然较为宽泛。因此，做好充分准备尽早规划职业生涯，明确目标，积极行动，可以缩短达到目标获得职业成功的周期，更好地成就完美人生。

第一节　职业生涯规划的设计与制定

每个人的足迹并不重要，重要的是迈出下一步的方向。职业生涯规划的设计与制定不在于找到所谓的最好的路，而是寻找到一条适合自己的发展之路。概括地说，职业生涯规划是指个人和组织在对一个人职业生涯的各种条件进行测定、剖析、总结研究的基础上，确定其发展目标，并为该目标的实现作出合理而有效的安排，从而进一步开发潜能，实现自我。

一、设计与制定职业生涯规划的基本原则

设计与制定职业生涯规划需要遵循一些基本原则，并进行准确的理解和把握，

在制定职业生涯规划时正确的运用可以使你的职业生涯规划更具科学性和可行性。

（一）目标指向原则

目标，即个人或组织在规定时间内所期望的成果，它使我们在规划人生的同时可以更理性地思考自己的未来，尝试性地选择未来适合自己从事的生活和事业，探索性地培养自己综合能力和综合素质。目标为什么重要？让我们来看看一个故事：

比塞尔是西撒哈拉沙漠中的一颗明珠，每年都有数以万计的旅游者来到这里参观。可是在肯·莱文发现它之前，这里还是一个封闭而落后的地方。这里的人没有一个走出过大漠，据说不是他们不愿离开这块贫瘠的土地，而是尝试过很多次都没有走出去。

肯·莱文当然不相信这种说法。他用手语向这里的人问原因，结果每个人的回答都一样：从这儿无论向哪个方向走，最后都还是转回出发的地方。为了证实这种说法，他做了一次试验，从比塞尔村向北走，结果三天半就走了出来。

比塞尔人为什么走不出来呢？肯·莱文非常纳闷。后来他只雇一个比塞尔人，让他带路，看看到底是为什么？他们带了半个月的水，牵了两峰骆驼，肯·莱文收起指南针等现代设备，只拄一根木棍跟在后面。十天过去了，他们走了大约八百英里的路程。第十一天的早晨，他们果然又回到了比塞尔。这一次肯·莱文终于明白了，比塞尔人之所以走不出大漠，是因为他们根本就不认识北斗星。

在一望无际的沙漠里，一个人如果凭着感觉往前走，他会走出许多大小不一的圆圈，最后的足迹十有八九是一把卷尺的形状。比塞尔村处在浩瀚的沙漠中间，方圆上千公里没有一点参照物，若不认识北斗星又没有指南针，想走出沙漠，确实是不可能的。

肯·莱文在离开比塞尔时，带了一位叫阿古特尔的青年，就是第一次和他合作的人。他告诉这位青年，只要你白天休息，夜晚朝着北面那颗星走，就能走出沙漠。阿古特尔照着去做，三天之后果然来到了大漠的边缘。阿古特尔因此成为比塞尔的开拓者，他的铜像被竖在小城的中央。铜像的底座上刻着一行字：新生活是从选定方向开始的。

命运的改变不是一朝一夕完成的，财富的积累也是一样。如果你经常设想 5 年以后、10 年以后要做什么，想象一下你的未来是什么样子，然后确定一个目标，在这 5 年或 10 年里紧紧地围绕这个目标去做你应该做的事情，那么，你的未来一定不是梦。目标导向原则是大学生进行职业生涯发展规划的首要原则，目标引领未来，目标促进行动。

（二）可行性原则

职业生涯规划的可行性必须满足以下两点要求：

1. 符合个人的实际情况

2. 满足社会的需求

不根据自身的实际情况和特点设计的职业生涯规划，将会使自己陷入痛苦之中，永远无法开发并发挥出个人的潜能，从而实现、超越自我；不以社会需求作为设计职业生涯规划的前提，将会使自己制定的职业生涯变成华而不实的自我设计，从而仅仅成为理想世界的蓝图。

我们可以通过对以下问题的回答帮助自己对职业生涯规划的可行性做出检查：

（1）规划是根据我的性格、兴趣、能力来制定的吗？

（2）外部环境（社会、行业、家庭）支持我的规划吗？

（三）挑战性原则

职业生涯规划的设计在可行性的基础上需要具有一定的挑战性，即能够通过一定努力、激发自己的潜能实现既定目标。

（四）激励性原则

目标是否符合自己的性格、兴趣和特长？是否能对自己产生内在的激励作用？对个体而言，只有在内在主观动力驱动下、经过努力实现的目标，才对自己具有激励性，激励自己克服职业发展道路上的困难。

（五）可操作性原则

可操作性原则是指所规划的内容要能付诸行动，具有可操作性。具体是指规划人要对自己的长远目标进行逐级分解，直至分解为能够有助于实现目标的具体行动。在进行目标的分级时，需要注意保持长远目标与分目标、分目标与具体行动的一致性，即实现分目标有助于实现总目标，实现具体行动有助于实现分目标。

（六）量化原则

职业生涯规划的目标和行动必须划分到不同的时间段内去完成，并且每个规划目标有相应的时间坐标来约束；各阶段的路线划分与安排，必须具体可行，并可以通过时间、数据进行量化测评与监控。如果没有明确的量化指示，就很容易使职业生涯规划陷于无限期的空谈中。

（七）动态原则

职业生涯规划的目标或措施在设计和制定时，是否考虑弹性或缓冲性？是否能依循环境的变化而做调整？这就是动态原则需要考虑的。

二、设计与制定职业生涯规划的基本步骤

职业生涯规划是一个周而复始的连续过程，其基本步骤包括：确定志向，自我评估，环境评估，设定职业发展目标，设计职业生涯路线，制订行动计划，实施、评估与修订等七个步骤，如图 6-1 所示。

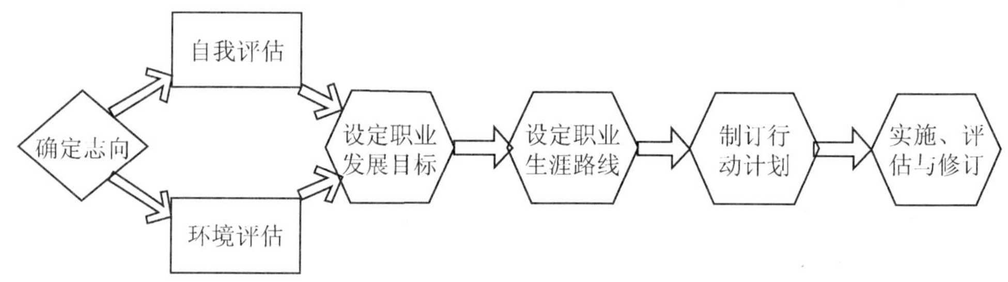

图 6-1 职业生涯规划的基本步骤

（一）确定志向

立志是人生的起跑点，反映着一个人的理想、胸怀、情趣和价值观，影响着一个人的奋斗目标及成就的大小。俗话说："志不立，天下无可成之事。"纵观古今中外，凡有巨大成就者，都有一个共同的特点：具有远大的志向。郑和从小就立志，梦想像祖父和父亲那样去朝圣，梦想追随祖辈的足迹到滇池以外的大洋里漂流。郑和幼时的志向、理想和行为，为他后来成为一位世界历史上伟大的航海家奠定了坚实的基础。

（二）自我评估

自我评估是从自身的角度，分析达成预设职业发展目标的可行性的内在条件评估。自我评估是职业生涯规划的基础，也是能否获得可行的规划方案的前提。只有深刻地认识和了解自己，才能对自己辉煌职业生涯做出准确的判断、把握和合理的规划。自我评估的内容主要包括：生理条件，比如：年龄、长相、身体状况等；心理特点，比如，心理需求、价值观、情感、智能、兴趣、性格、特长、能力倾向、潜能等。自我评估的过程简单地说，即清楚了解"我是谁"、"我想做什么"、"我能做什么"的过程，不仅可以借助职业心理测评来实现，更多的是需要在实际生活中去感悟。

（三）环境评估

环境评估是指从外在的角度，分析、预测和评估外在环境中的机遇和障碍，提前做好预防或者减轻不良环境影响的对策和措施。环境因素对个人职业生涯发展有极大的影响，作为社会生活的一个个体，只有适应外部环境的需要，才能最大限度地发挥个人的优势与潜能，实现职业生涯的目标。所以，我们在制定职业生涯规划时，一定要分析外在环境因素（政治、经济、行业、职业、家庭等）的特点、发展变化情况以及环境中对预定职业发展目标的支持与限制。只有对环境因素有了比较充分的了解，才能在复杂的环境中趋利避害，使自己的职业生涯规划的实现更有可能性。目前，虽然随着我国加入 WTO 以及全球经济一体化的迅速发展，我国人才一直处于供不应求的状态。但是，信息化、全球化带来的结果是，医学界的发展对我国医学人才的要求也愈来愈高。

（四）设定职业发展目标

志向是抽象的，通过对自身及外界环境的了解而制定的目标是具体的，能看得见、摸得着、感觉得到的。比如，郑和从小就梦想追随祖辈的足迹到滇池以外的大洋里漂流是远大志向而不是目标。如果换成成为伟大的航海家，那就成为目标了。

在制定职业生涯规划时，将远大志向转变成能看得见、摸得着、感觉得到的职业发展目标是非常重要的。制定个人职业生涯规划的目标就是实现自己事业的职业目标，职业生涯规划中所确立的目标，是有一定实现可能的长远目标，并可分解为终极目标、长期目标、中期目标和短期目标。合理、可行的职业生涯目标的确立决定了职业发展中的行为和结果，是制定职业生涯规划的关键。

（五）设计职业生涯发展路线

在职业确定后，向哪一路线发展，此时要作出选择。即是向行政管理路线发展，还是向专业技术路线发展；是先走技术路线，再转向行政管理路线……由于发展路线不同，对职业发展的要求也不相同。因此，在职业生涯规划中，对职业发展路线须作出抉择，以便使自己的学习、工作以及各种行动措施沿着你的职业生涯路线或预定的方向前进。

个人现在所处的位置与总体目标总是有距离的（距离的大小要视总体的目标而定），个人不可能一步就能达成总体目标，因此必须要对总体目标进行分解。比如，某临床医学专业学生 A 设定的职业发展目标是成为心脑血管知名专家和内科院长。以他目前的条件，不可能马上实现这个目标。可能要经过如图 6-2 所示的职业发展历程。

目标分解就是在总体目标与现在所处的位置之间架起一座目标阶梯，学生 A 的职业规划是可行的。

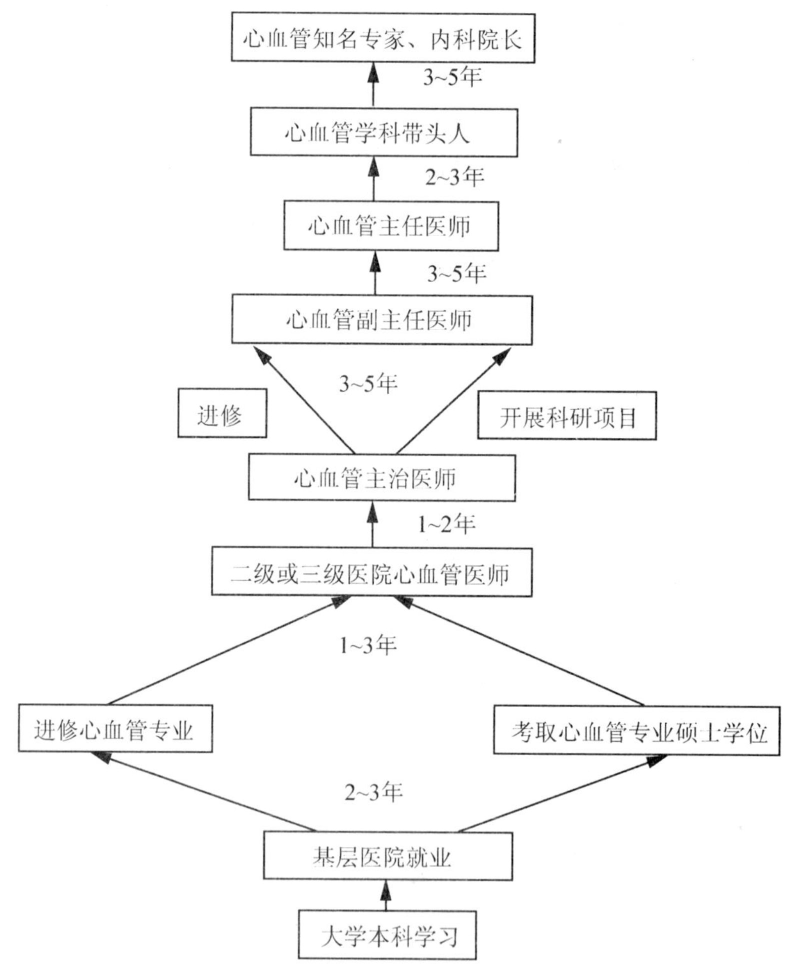

图 6-2 某临床医学专业学生职业生涯发展路线

（六）制订行动计划

在确定了职业生涯的终极目标并选定职业发展的路线后，行动便成了关键的环节。这里所指的行动，是指落实目标的具体措施，主要包括工作、培训、教育、轮岗等方面的措施。对应自己行动计划可将职业目标进行分解，分解后的目标有利于跟踪检查，查找现实与目标的差距，同时可以根据环境变化制订和调整行动计划，并针对具体计划目标采取有效措施。职业生涯中的措施主要指为达成既定目标，在提高工作效率、学习知识、掌握技能、开发潜能等方面选用的方法。行动计划要对应相应的措施，要层层分解、具体落实，细致的计划与措施便于进行定时检查和及时调整。表 6-1 是大学生 B 大二上学期的具体计划。

表 6-1　护理专业学生 B 大二上学期行动计划

	目　标	具体实施
知识方面	1. 专业课成绩不低于 85 分 2. 通过英语四级 3. 获国家计算机二级证书 4. 阅读实用护理学杂志及外文资料，了解护理学最新动态 5. 自修人文课程：文学类 6. 获得国家营养师资格	1. 课前预习，课堂认真思考，当天完成作业 2. 每天早上 6 点钟出门读英语、背单词 3. 参加英语补习班，做英语六级试题，参加计算机知识培训班 4. 去图书馆拓宽自己知识方面，弥补自己的专业素质和人文素质 5. 参加国家营养师资格认证培训班
能力方面	1. 提高护理专业实践操作能力 2. 提高自身工作能力 3. 锻炼语言表达能力及沟通能力 4. 提高使用办公自动化能力	1. 充分利用课间实习时间熟练完成静脉注射、灌肠、导尿等操作 2. 多在实习医院接触患者，进入工作角色，了解患者心理 3. 多与不同专业、不同性格学生交流，积极参加学校演讲及其他文体活动 4. 周末到计算机房练习

（七）实施、评估与修订

"心动百次不如行动一次"，规划定好固然好，但更重要的在于将规划付诸实施并取得成效。在实施的过程中，有的变化因素是可以预测的，而有的变化因素难以预测。在此状态下，要使职业生涯规划行之有效，就必须不断地对职业生涯规划执行情况进行评估与修订。修订的内容包括：自我的重新认识、人生目标的修订、职业的重新选择、职业生涯路线的重新修订、弥补差距计划的变更等。修正目的是使规划更加符合自身情况和社会需求，让它变得更加行之有效。

三、职业生涯规划应注意的几个问题

（一）增强职业生涯规划意识

如今，虽然很多人从认知上都意识到职业生涯规划的重要性，但是制定职业生涯规划的意识和愿望并不强烈。在现实生活中，很多人都会以“计划不如变化快”为借口，拒绝为自己制定职业生涯规划。其实，正是因为世界变化太快，才需要积极地做好各种规划，以应对变化的世界。据调查显示，医学生由于其专业的独特性，课程任务重，学习压力大，往往无暇顾及其他，对自身职业规划意识淡漠，以致许多毕业生对自身情况认识不清，不能客观分析就业环境，对就业方向和领域不能深入了解，就业的方向和目标也不明确。充满智慧的中国俗话“人无远虑，必有近忧”、“未雨绸缪”，充分说明了事先做好规划、提前做好准备的重要性。职业生涯规划对个人的作用或意义，以图 6-3 来表示。

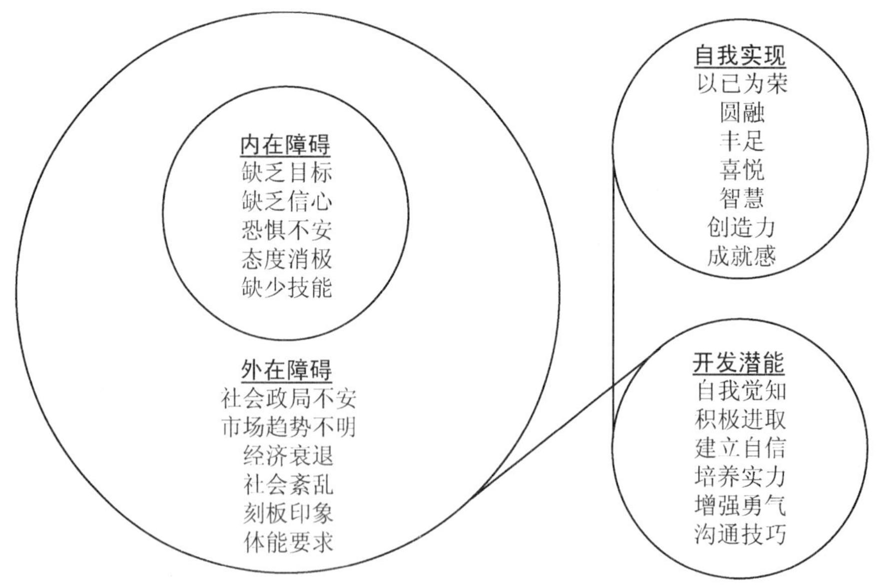

图 6-3　职业生涯规划对个人的作用

（二）职业生涯规划宜早不宜迟

中国有句古语：凡事预则立，不预则废。运用在职业生涯规划中，主要指职业发展道路的设想和规划，它包括如何在一个职业领域中得到发展，打算取得什么样的成就等问题。大学阶段是大学生职业生涯发展的重要准备阶段，大学生提前做好职业生涯规划不仅可以减少就业焦虑与情绪波动，不容易受到别人的干扰，还可以使生活与工作的效率更高，更易获得成就，并给他人以有益的影响。在这个阶段里，一个人为其今后的职业生涯准备得如何，直接会影响到他几年后的就业竞争力和未来的职业生涯发展力，因此，大学生的职业生涯规划从入校就应该开始。

（三）重点对近期目标进行规划

有句至理名言：此生理想，近期规划。确定一生的理想，似乎绝大多数人都曾做过。有的人想当医学专家，有的人想当企业经理，甚至有的人想当卫生管理部门高官。确定这样一个理想，不是难事，至于未来能否实现，那是另一回事。一生的理想，是由一个又一个近期目标与规划组成的，只要能够将这些近期规划实现，那么，每实现一个计划便离理想近了一步。

反观现实，我们很多人的理想都非常远大，这是好事。但是，如果不脚踏实地，不对近期进行规划，不知道今天为实现这个远大的理想做点事情，那么，再远大的理想也只能是空中的一轮明月，可望而不可及。而且，在这样一个急剧变化的时代，是根本不可能将未来十几年甚至几十年都规划好，按照既定轨道前进的。因此，对于大学生而言，在制定职业生涯规划时，一定要立足长远，着手近期，将在大学期间的学习、生活规划好。

（四）行动决定一切

任何科学、合理、可行的规划，如果没有付诸行动，那也永远只是纸上谈兵，起不到任何作用，职业生涯规划同样也是这个道理。

我们所指的行动是一种有针对性的、有步骤的、有创造性的行动，有的同学常常是制定了一份职业生涯规划，可就是缺乏行动力，不能按照既定规划去完成。其中的根本原因是，这些人缺乏职业生涯规划至关重要的品质——决心和毅力。没有做事的决心和毅力，不仅职业生涯规划执行不了，而且在学习和未来的工作中，都不可能取得较大的成功。还有的同学可能只是为了参加学校举办的职业生涯规划大赛，才为自己制定一份职业生涯发展规划书。对于他们来说，规划执不执行，不重要，重要的是参赛获奖。随着大学生就业形势的严峻，大学生职业生涯规划也越来越得到了学校和社会的重视。学校举行职业生涯规划大赛，设置奖项，目的不是为大学生制造一次获得奖励的机会，而是通过比赛，提高我们的职业生涯规划意识与能力，进而促进我们制定符合自身情况的职业生涯规划，从而使得我们的学习和生活有了方向和目标。

第二节　大学生职业生涯规划的常用方法

对于许多大学生来说，职业生涯规划也许是一个比较模糊的概念，因而就更谈不上对自己进行职业生涯规划了。对于职业生涯规划，并不如某些书上所说的那样玄机无限，只要你对自己有一个基本认识，同时掌握一定的方法，每个人都能对自己进行职业规划，为自己的职业生涯发展画一个蓝图。制定大学生职业生涯规划的方法不同，下面我们介绍较为常用的两种方法。

一、SWOT 法

SWOT 法最早是由美国旧金山大学的管理学教授在 20 世纪 80 年代初提出来的。在此之前，早在 20 世纪 60 年代，就有人提出过 SWOT 分析中涉及的内部优势、劣势、外部机会、威胁这些变化因素，但只是孤立地对它们加以分析。而 SWOT 法用系统的思想将这些似乎独立的因素相互匹配起来进行综合分析。运用这个方法，有利于人们对个人或组织所处情景进行全面、系统、准确的研究，有助于人们制定发展战略和计划，以及与之相应的发展计划或对策。SWOT 分析法是一种能够客观而准确地分析和研究个体或组织现实情况的方法，是检查个人技能、能力、职业、喜好和职业机会的有用工具。利用这种方法可以从中找出对当事人有利的、值得发扬的因素，以及对自己不利的、如何去避免的东西，发现存在的问题，找出解决办法，明确以后的发展方向。其中 S 代表 Strength（优势），W 代表 Weakness（劣势），O 代表 Opportunity（机会），T 代表 Threat（威胁）。其中，S、W 是内部因素，O、T 是外部因素。

一般来说，对自身的职业和职业发展问题进行 SWOT 分析时，应遵循以下 5 个步骤：

（1）评估自己的长处和短处。每个人都有自己独特的技能、天赋和能力。在当今分工非常细的市场经济里，每个人只是擅长某一专业，而不是样样精通（当然，除非天才）。例如，有些人不喜欢与陌生人打交道，而有些人则不愿意整天坐在办公桌旁，做着单调、重复性的工作。请设计一个列表，列出自己喜欢做的事情和长处所在以及不喜欢做的事情和短处所在（如果你觉得界定自己的长处比较困难，你可以请专业的职业指导师帮你分析，分析好之后，可以发现你的长处所在）。找出自己的短处与发掘自己的长处同等重要，因为你可以基于自己的长处和短处做两种选择：你可以选择努力地改正你常犯的错误，提高你的技能；你也可以选择放弃那些对你不擅长的技能要求较高的职业。列出自认为所具备的很重要的强项和对你的职业选择产生影响的劣势，然后再从中标出那些你认为对你很重要的强势、劣势。

（2）找出你的职业机会与威胁。不同的行业或专业（包括这些行业里不同的公司）都面临不同的外部机会和威胁，能否找出这些外界因素对帮助你成功地找到一份适合自己的工作是非常重要的，因为这些机会和威胁会影响你的第一份工作与今后的职业发展。如果某个公司处于一个容易受到外界不利因素影响的行业里，那么，这个公司能提供的职业机会将是很少的，而且职业升迁的机会较小。相反，充满了许多积极的外界因素的行业将为求职者提供广阔的职业前景。请列出你感兴趣的一两个行业或专业，然后认真地评估这些行业或专业所面临的机会与威胁。

（3）提纲式地列出今后 3～5 年内你的职业目标。仔细地对自己做一个 SWOT 分析评估，列出你未来 3～5 年内最想实现的四至五个职业目标。这些目标可以包括：大学毕业后你想从事哪一种职业，你将达到何种职位，或者你希望自己拿到的薪水属哪一级别，请时刻记住：你必须竭尽所能地发挥出自己的优势，使之与行业提供的工作机会实现圆满的“人职匹配”。

（4）提纲式地列出一份今后 3～5 年的职业行动计划。职业行动计划主要是指完成职业目标所涉及一些具体的内容。请你拟出一份实现职业目标中所列出的每一个目标的行动计划，并且详细地说明为了实现每一个目标，你将如何做、需要哪些资源和帮助、何时完成、通过哪些阶段性的评估条件与方式来实现等。例如，你的个人 SWOT 分析可能表明，为了实现你理想中的职业目标，你需要进修更多的管理和医学类课程，那么，你的职业行动计划应说明要通过什么途径参加哪些课程、什么水平的课程以及何时完成这些课程的进修等。你需要通过拟订详尽的行动计划帮助你做决策，就像外出旅游前事先制订的计划将成为你的行动指南一样。

（5）寻求专业帮助。通过职业测评手段分析出自己职业发展及行为习惯中的劣势并不难，但要以合适的方法改变它们却很难。你的父母、老师、朋友、上级主管、职业咨询专家都可以给你一定的帮助，特别是很多时候借助专业的咨询力量会让你事半功倍，有外力的协助和监督也会让你更好地实施行动计划和取得成效。

很显然，做个人 SWOT 分析需要你的一些投入，而且还需认真地对待，当然要做好你的职业分析难度也很大。但是，不管通过什么渠道，进行一次详尽的个人 SWOT 分析却是值得的，因为当你做完详尽的个人 SWOT 分析后，你将有一个连贯的、实际可行的个人职业策略供你参考。在激烈的职场竞争中，拥有一份挑战和乐趣并存、薪酬丰厚的职业是每一个人的梦想，但并不是每一个人都能实现这一梦想。因此，为了使你的求职和个人职业发展更具有竞争力，请认认真真地为你的职业发展做些实事吧。其实，不管人们在准备做什么事情前，都可以进行一下 SWOT 分析，这样有利于心中有数，顺利实现目标。

表 6-2　个体职业决策过程的 SWOT 结果的运用

外部环境分析（OT） 内部环境分析（SW）	机会（Opportunity）	威胁（Threat）
	（1）人力资源管理部门逐渐受到企业的重视 （2）入世后，外资企业的进入导致人力资源管理人才需求的增大 （3）心理学在人力资源管理中的重要性逐渐凸显出来	（1）人力资源管理方向的毕业生 （2）MBA 的兴起 （3）人力资源管理在很多企业中仍然处于刚起步阶段，其运作很不规范 （4）比起学历，我国许多企业更看重工作经验
优势： （1）硕士学历，成绩优秀 （2）丰富的学生干部管理经验 （3）大型制药公司半年实习经历 （4）具有心理学的知识背景	优势机会策略（SO） （1）发挥药学专业优势并继续学习心理学知识，将心理学知识运用到人力资源管理中 （2）发挥担任学生干部的管理特长	优势威胁策略（ST） （1）强调自身药学及心理学背景的优势 （2）强调大型公司半年的实习经验 （3）强调较强的学习能力和适应力
劣势： （1）药学专业毕业 （2）没有丰富的工作阅历 （3）专业不对口 （4）性格急躁，容易冲动	劣势机会策略（WO） （1）利用较强的学习能力，自学人力资源管理课程，加强英语的学习 （2）继续加强自己在校期间所培养的口语交流、文字书写等的优势	劣势威胁策略（WT） （1）训练克制自己的冲动个性 （2）结合两个不同的专业，培养宽阔的视野和创新能力 （3）积极寻找重视员工潜能的企业
分析后整体结论：职业发展道路定位在大中型外资制药企业的人力资源管理部门		

二、“五 What”法

如何制定科学的职业生涯规划？其实很简单，关键是要对自己有一个清晰的认识，同时掌握一定的技巧和方法，每个人都可以自己对自己进行规划，画出蓝图。“五 What”法尤其适合即将毕业的大学生，它是归零思考模式的方法，共有 5 个问题：What are you? What you want? What can you do? What can support you? What you can be in the end? 一个人回答了这 5 个问题，找到它们的共同点，就形成了自己初步的职业生涯规划结构图。

对于第一个问题“我是谁?”应该对自己进行一次深刻的反思，有一个比较清醒的认识，优点和缺点，都应该一一列出来。面对自己真实地写出每一个想到的答案；写完了再思考是否有遗漏，并按重要性进行排序。

第二个问题“我想干什么？”是对自己职业发展的一个心理趋向的检查。每个人在不同阶段的兴趣和目标并不完全一致，有时甚至是完全对立的。但随着年龄和经历的增长而逐渐固定，并最终锁定自己的终生理想。可将思绪回溯到孩童时代，从初次萌生想干什么的念头开始，然后随年龄的增长，回忆自己真心向往过想做的事，并一一记录下来，写完后再想想有无遗漏，确实没有了，就进行认真排序。

第三个问题“我能干什么?”是对自己能力与潜力的全面总结，一个人职业的定位最根本的还要归结于他的能力，而职业发展空间的大小则取决于他自己的潜力。对于一个人的潜力应该从几个方面着手去认识，如，对事的兴趣、做事的韧力、临事的判断力以及知识结构是否全面、是否及时更新等。可以把确实证明的获得的能力和自认为还可以开发出来的潜能都一一列出来，并进行认真排序。

第四个问题“环境支持或允许我干什么?”这种环境支持在客观方面包括本地的各种状态，比如，经济发展、人事政策、企业制度、职业空间等；人为主观方面包括同亲属关系、领导态度、同事关系等，两方面的因素应该综合起来看。有时我们在做职业选择时常常忽视主观方面的东西，没有将一切有利于自己发展的因素调动起来，从而影响了自己的职业切入点。而在国外通过同事、老师、朋友的引荐找到工作是最正常也是最容易的。这与一些不正常的“走后门”等行为是有着本质的区别，这种区别就是这里的环境支持是建立在自己的能力之上的。我们可以通过对环境、单位等自己认为可以借助的资源进行分析，认真思考自己可以从中获得怎样的支持和许可，一一记录下来，再以重要性排列。

明晰了前面的四个问题，就会从各个问题中找到对实现有关职业目标有利的和不利的条件，列出不利条件最少的、自己想做而且又能够做的职业目标，那么第五个问题，有关“自己最终的职业目标是什么?”自然就有了一个清楚明了的框架。把五个问题一字排开，然后认真比较第一个至第四个问题的答案，将内容相同或相近的答案用横线连接起来，你可能会得到一条或几条连线，而不与其他连线相交叉的又处于最上方的，就是你应该去做的事情，也是你职业生涯的方向。

案例：职业策略分析

下面我们对某高校法医专业女生的职业选择和职业目标确定做一次分析，或许能够启发和她一样的同学。某高校法医专业女生，在临近毕业时常常对自己的职业方向难以选择。该同学找一份与本专业相关的工作并不难，但由于自己是女生，在就业时肯定又不如同专业的男生，同时自己对教师的职业比较喜欢。在这种存在多种矛盾的情况下，我们不妨和她一起进行一次有关职业规划方面的认真思考，并通过对其职业前途的规划确定其就业方向。

What are you? 某高校法医专业毕业生；优秀学生干部，学业成绩优秀，英语通过国家六级；辅修过心理学、管理学；参加过高校演讲比赛，拿过名次；家庭状况差，父母务农，生活拮据，身体健康，暂时还不需要有人特别照顾；自己身体健康；性格上不属内向，但也不是特别活跃，喜欢安静。

What you want? 很想成为一名老师，这不仅是儿时的梦想，而且比较喜欢这种职业；也可以成为从事刑侦的一名普通检验技术人员；当一名法医也可以，只是感觉其工作性质有些不喜欢。

What can you do? 做过家教，虽然不是自己的专业，但与孩子交流有天生的优势，做家教时当学生成绩进步时很有成就感；当过学生干部，与手下人相处比较好，组织过几次有影响的大型活动；实习时在医院做检验工作，虽然没有大的成就，但感觉还行。

What can support you? 亲戚推荐去一家公司做技术检验；去年曾有几家学校来系里招聘教师，但不是当老师，而是要去学校做技术维护，今年不知会不会有学校再来招聘教师；有同学开了一家公司，希望自己能够加盟，但自己不了解这个公司的具体业务，也不知道它有多大的发展前途。

What you can be in the end? 最后的选择可能有四种，分别如下：

(1) 到一所卫生技术学校当老师，自己有这方面的兴趣和理想，在知识和能力方面并不欠缺，在素质教育大趋势下，与师范类专业相比，自己有专业方面的优势，讲授知识时可以让学生了解更多的前沿知识，并且自己有信心成为学生心目中理想的好老师；不足的就是缺乏作为一名教师的基本训练以及一些技巧，但这可以逐步提高。

（2）到公司做技术人员，收入上会好一些，但通过这几年的发展看，这种行业起伏较大，同时由于技术发展较快，自己的专业知识与公司业务有差距，得随时对自己进行知识更新，压力较大，信心不足，兴趣也不是很大。

（3）去朋友开办的公司工作；丢掉专业从最底层做起，风险较大，这与自己求稳的心理性格不符，同时家庭也有阻力。

（4）考研或出国深造，家庭目前经济状况不允许，且未做准备，把握性较小。

单纯从职业发展上看，这四种选择都有其合理性，但如果从个体而言，第一种选择显然更符合她本人的职业取向。从心理学上看，选择第一种能够使得她得到最大的满足，在工作中也最容易投入，做出一定的成绩后会有很大的成就感，也符合家庭的愿望。从职业前途看，教师这个职业也日益受到社会的尊重，社会地位呈上升趋势。从性格上看，这种职业也比较符合她的职业取向。主要困难是非师范生进入这个职业的门槛比较高，如果她能够在确定为自己的最终目标后努力去弥补与师范生在职业技巧方面的差距，那么，她实现自己的职业理想将为时不远。

三、“决策平衡单”法

“决策平衡单”经常被应用于职业生涯规划过程中问题解决模式和职业咨询中，用以协助咨询者有系统地分析每一个可能的选项，判断分别执行各选项的利弊得失，然后依据其在利弊得失上的加权计分排定各个选项的优先顺序，以执行最优先或偏好的选项。其在职业生涯规划中实施的程序主要有下列步骤：

（1）列出可能的职业选项。个体首先需在平衡单中列出有待深入评量的潜在职业选项三至五个。

（2）判断各个职业选项的利弊得失。平衡单中提供个体思考的重要得失，集中于四个方面，分别是，自我物质方面的得失、他人物质方面的得失、自我赞许（精神方面）的得失、他人赞许（精神方面）的得失。详如表6-3所示。个体可依据重要的得失方面，逐一检视各个职业选项，并以“＋5”至“－5”的十一点量表（＋5，＋2，＋3，＋4，＋1，0，－1，－2，－3，－4，－5），来衡量各个职业选项。

（3）各项考虑因素的加权计分。个体在各方面的利弊得失之间，会因身处于不同情境而有不同的考量。因此，在详细列出各项考虑层面之后，须再进行加权计分。即对当时个人而言，重要的考虑因素可乘以一至五倍分数，依次递减。一项价值观或因素的重要性越大，它的权重就越高。5为最高权重，表示“非常重要”，3代表“一般”，1代表“最不重要”。对自我需求和价值观的准确了解，是给价值观和考虑因素指定权重的前提。

（4）计算出各个职业选项的得分。个体须逐一计算各个职业选项在“得”（正分）“失”（负分）的加权分与累加结果，并计算各个生涯选项的总分。

（5）排定各个职业选项的优先顺序。最后，依据各职业选项在总分上的高低，排定优先次序。职业选项的优先次序即可作为个体职业生涯规划决策的依据。

（6）讨论与分享。

表 6-3　职业生涯决策平衡单

选项 考虑因素	权重 1～5	生涯规划选项一 ＋5～－5		生涯规划选项二 ＋5～－5	
自我物质得失 个人收入 健康状况 休闲时间 未来发展 升迁状况 社交范围					
他人物质得失 家庭收入					
自我精神得失 所学应用 进修需求 改变生活方式 富有挑战性 成就感					
他人精神得失 父亲支持 母亲支持 男/女朋友支持					
总分					

四、生涯愿景模型法

生涯愿景模型法，即个人基于价值观、个人性向、知识技能的核心，在职业生涯规划、实践过程中经过一段时间的探索，将自己的长处和不足在同外界环境的相互作用中确定下来，并经过与外界互动逐渐沉淀出理想职业目标期望情景总和的方法。此模型包含很多内容，这些内容对于个人的职业目标是全面而且细致的描述，包含“目标职位、领导风格、价值观念、性向特征、行业领域、规模、职位胜任素质、控制幅度”等，其中价值观、个人性向、知识技能等最为重要，是构成个人职业生涯愿景的核心部分。

一般来说，在职业生涯规划中运用生涯愿景模型法可分两个步骤考虑问题：

一是个人愿景是什么？主要包括自我形象、有形财产、家庭生活、个人健康、人际关系、职业状况、个人休闲等方面。例如：

自我形象：你希望成为什么样的人？假如你可以成为你向往的那种人，你会拥有哪些特征？

有形财产：你希望拥有哪些物质财产？希望拥有多大的数量？

家庭生活：在你的理想中，你的家庭生活环境是什么样的？

个人健康：你对你的健康、身材、运动以及其他和身体有关的事情，有什么期望？

人际关系：你期望和你的同事、家人、朋友以及其他人保持哪一种关系？

职业工作：你理想中的职业状况是什么样子？你希望你的努力可以发挥什么样的影响力？

个人休闲：在个人的学习、旅游、阅读或其他的活动领域中，你希望创造出什么样的成果？

二是如何建立个人愿景？每个人都有自己的愿景，但在很多情况下，人们对自己的愿景往往是很模糊的，或者是误解的，这样就会造成行动盲目。因此，对于每个人来说，如何建立个人愿景一般通过想象实现愿景后的情景、形容个人愿景、检验并弄清楚个人愿景三个方面来实现的。

想象实现愿景后的情景：假如你得到了深深渴望获得的成果，那么这到底是什么样的情景，你怎样来形容它？你的感觉如何？这种感觉是不是你真正所想要的？

形容个人愿景：想象你正在达成你一生最热切渴望达成的愿望，这些愿望会像什么样子？请你回顾在你高中毕业时、大学毕业时、参加工作后以及现在的个人愿景，其中哪些愿景实现了，哪些没有实现，原因是什么？

检验并弄清楚愿景：分步检验你写下来的个人愿景所组成的清单和每个方面，从而找出最接近你内心深处的层面。例如，若你现在就可以实现愿景，你会接受它吗?假定你现在就实现了愿景，这愿景能为你带来什么?你接受了它，你的感受又是怎样的?

大学生涯愿景模型图例，见图 6-4。

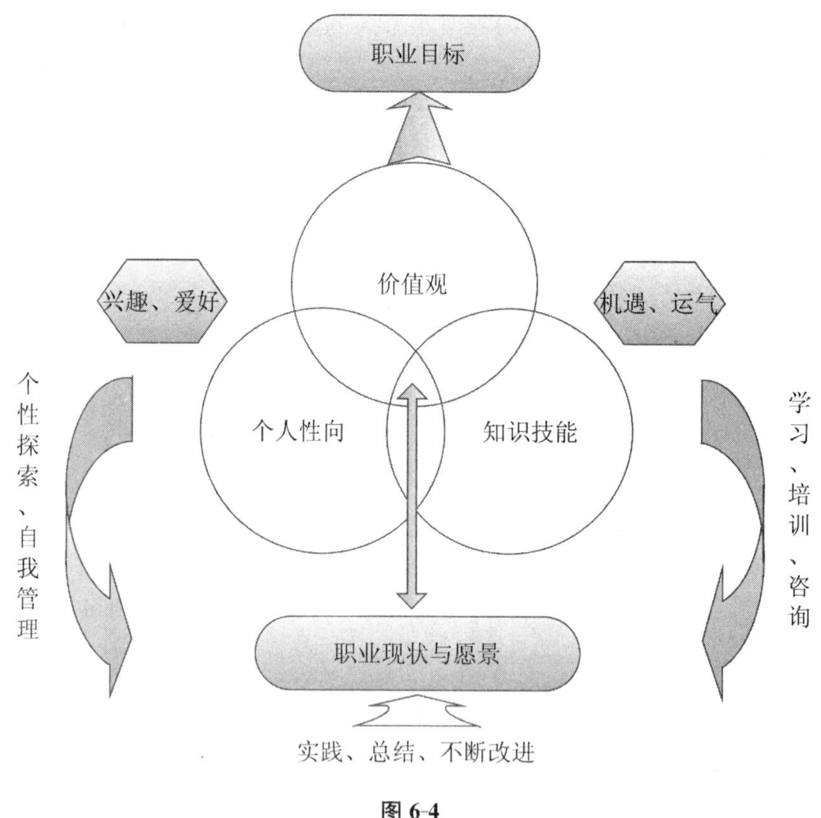

图 6-4

第三节　大学生职业生涯规划与实施

个人职业生涯规划的实施，最重要的是要做好并实施好大学阶段的生涯规划。未来有很多不确定的因素，是我们难以把握和控制的，但是对自己的大学生涯确实是可以预测与把握的。把握了现在，做好当前的每一件事，未来职业发展目标的实现也就水到渠成了。

一、大学生涯目标的确定

大学生涯最常见的目标是就业、考研、创业。

（一）就业

除了一流名牌大学（如清华、北大）的本科毕业生毕业后有半数继续读研或出国深造外，一般本科院校的本科毕业生、硕士研究生毕业后绝大多数还是直接进入社会参加工作，就业是在校大学生的最主要的目标。

每年 11 月份是高校应届毕业生求职的第一个高峰期，各种校园招聘会、人才交流会上都可以看到他们匆忙的身影和急切的眼神。由于大学生工作经验不足、所学专业结构单一、面试经验不足等因素，使得“天之骄子”的光环逐渐褪去，大学毕业生的平均起薪越来越低。这种情况使得很多刚迈入大学校门的学子也不禁为自己毕业后的出路担心。为了顺利就业或在激烈的竞争中有一席之地，越来越多的大学生采用以下方式拓展就业门道：

1. 参加职业资格认证考试，获得求职的第二块“敲门砖”

随着职业分化的日趋明显和社会就业难度的增加，参加职业资格认证考试是现在大学生比较热衷的“充电”方式之一，有很多学生把职业资格认证视为大学毕业证之后的第二块“敲门砖”。在专业学科以外，多拥有一个或者几个职业资格证书，既是对学校学习之外有益的补充，又能增强专业水平上的说服力。所以，各种各样的考试报名、辅导信息充斥校内的宣传栏，有执业医（药）师培训班、护士资格认证辅导、教师资格认证考试培训班、公务员考试辅导、心理咨询师、营养师、会计职称考试、雅思（托福）英语辅导班等，而且每种考试的报名费、辅导费价格不菲。但其中有部分同学因为盲目地跟随“考证热”，毕业时虽拿到了很多证书，但却没有结合自己的专业和职业发展目标来规划和选择，使多出来的证书不能合理地促进自己的职业发展。专家建议，大学生应根据自己的兴趣爱好、性格特点，结合职业发展规划，理性分析，选择与自己专业和职业发展目标相关的职业资格培训。

2. 辅修第二专业，提升就业竞争力

在日益严峻的就业形势面前，越来越多的大学生入学时就有很强的忧患意识，希望在本专业之外掌握更多技能、更多知识，以提升自身的就业能力。因此，辅修第二专业受到了很多大学生的青睐。一些学校通常开设专业齐全的辅修专业，利用双休日、节假日或晚上上课；学生顺利通过相关考试，毕业时可以获得双证。尤其是跨专业和跨校的辅修，对提高学生的综合素质、培养复合型人才有较大的帮助，同时也为学生的就业增加了砝码和竞争力。另外随着网络的普及，网络教育时间、地点的灵活性成为大学生掌握更多知识的很好方式。一些学生选择就读网络大学，利用课余时间攻读完相关课程，到毕业时也可以拿到两个国家承认的毕业证书。一位正在就读北京外国语大学网络教育学院（www. beiwaionline. com）的大学生表示："自己学的是管理专业，但现在单位面试先不提专业知识如何，初试都要先过英语关。而且在以后的工作中肯定要用到商务英语，尽早充实自己使自己符合企业要求，所以在北外网院选择了商务英语。就读网络大学既不耽误上学的功课，还可以学到自己欠缺的知识，真可谓是一举两得。"专家表示，辅修第二专业要求学生有较强的学习能力和自制能力，在选择时要因人而异，同时应该选择应用范围广的专业，如英语、管理等。

3. 利用课余时间打工和社会实践，积累工作经验

利用课余时间到社会上兼职打工和参加社会实践是积累工作经验、提高实践能力的重要途径，也有利于大学生更加感性和客观地认识社会。目前，众多用人单位在招聘员工时，常常会要求"有某某工作经验两年（或三年）以上"。这道门槛对于应届毕业生来说，是无法逾越的。所以在校大学生应及早做准备，利用课余时间打工和积极参加社会实践，丰富社会阅历从而能更好地积累工作经验，这也是提高自己竞争能力的一种手段。但有部分大学生一味只追求工作经历，而模糊了"经历"与"经验"的区别，花大量时间在所谓的"积累工作经验上"，不但落下了功课，而且由于考勤不全导致考试不能通过。专家建议，学生还是以学习为主，自己的兼职时间、社会活动和学业课程安排一定不能起冲突，要分清主次，在不耽误自己学业的前提下进行社会实践。只有合理地安排学习与实践的关系，才能真正做到接触社会、学习本领、提高能力"三不误"。

4. 参加职前培训，掌握求职技巧

作为学生来说，由于平时对职场和企业接触了解不多，因此在正式找工作前，一般也没有接受过系统的职前培训。很多学生在自己的专业方面很扎实，但就是过不了面试的"临门一脚"，因此大学生在平时应加强求职技巧方面的知识积累。目前学校就业指导中心和一些职前培训机构都可提供如就业形势分析、面试技巧培训、职业发展规划、行业知识了解等免费讲座和培训机会，希望每一位学生都能根据自身的条件和优势，选择适合自己的职前学习、培训的机会，多方面提高自己的竞争能力。并通过找到、利用适合自己的“充电”方式，在就业市场竞争中找到适合自己的位置。

（二）考研

近年来，随着硕士研究生规模的不断扩大，本科生报考硕士研究生的比例与日俱增，考研已成为大学毕业生的热门话题。小徐同学是武汉某重点高校的一名大三的学生，毕业在即。伴随着暑假的到来，千军万马过独木桥的研究生考试已迫在眉睫，接二连三的高校毕业生招聘会也将拉开帷幕，比年前的招聘单位，工作环境与待遇都相当不错。宝贵的学习时间和难得的就业机会交织在一起，“鱼”与“熊掌”很难兼得。对于小徐而言，一个迫切需要做出决定的事情就是：考研与就业，哪个才是最适合自己的选择？小徐同学感到十分的困惑和迷茫。考研本身对于社会和个人而言都是非常有意义的事情，个人通过研究生阶段的学习可以得到长远发展，而且社会的发展也需要高素质的创新型人才。因此，考研本身是可以促进个人、社会的共同发展，应该是值得肯定的。由于目前大学毕业生选择考研的原因很多，如，就业困难所迫、从众心理驱使、对本科专业或学校不满意、招聘单位对学历的高要求等，对于究竟是就业，还是考研，暂且不去细究，但我们建议大学生还是要从自身主体充分认识自己、了解自己的基础上，确定目标、转变就业观念，按照职业规划路线奋进。当然，对于考研，在高校中存在许多同类人的不同见解。同学也可以通过与不同人群的交流、切身体会，给自己一些帮助和启示。

（三）创业

比尔·盖茨创造了微软帝国，也创造了学生创业的神话。20 世纪 90 年代末，全球性的学生创业热潮开始波及中国，成千上万的高校学生投身其中，一时间，创业成为大学生成才的新捷径。尤其在当前金融危机影响下，大学生就业工作压力与日俱增，大学生创业也成为解决就业的有效途径之一。

1. 创业很精彩，过程很无奈

赵洋是上海某职业技术学院 2003 届毕业生，去年，他就看准了绿色食品的广阔市场，创办了碧连天绿色食品有限公司，专门从事绿色食品的销售和配送。虽然赵洋的公司与上水纯净水有限公司合作建立了绿色食品销售配送网，网点遍布全市各个地区，但他依然面临着营销方面的难题。对此，赵洋谈道：“创业前我们做了充分的准备，包括市场调查、产品定位、寻求合作伙伴等，但当公司真正运作起来，才发现现实与理想的差距如此之大。特别是营销环节，如何开拓营销渠道、如何打开市场、如何赢得消费者的信任等，这一系列问题都摆在我们面前，处理得不好，就可能满盘皆输。”

另一位创业仅 4 个月的学生“老板”也在经验交流会上大谈苦经：“大学生创业时都怀着满腔热情，但现实却浇了我们一头冷水。像我这样学中医的，毕业后回镇上开了一个小型中医诊所，创业空间很大，但进入后才知道，创业难度很大，刚刚大学毕业没有多大知名度，就诊的患者不多，请年资高的老大夫又没有资金，自己也觉得临床知识和技能太少，到现在我的业务不多，每天只有几个常见病人来输液，真不知道我的事业将来如何发展。”

据了解，类似的问题在大学生创业中非常普遍。大学生对于创业是热情有余，但对企业运营却是知之甚少，更缺乏实际操作经验，因此使创业之路举步维艰。“大学生创业网”负责人告诉记者说：“如今，各高校 BBS 上人气最旺的就是创业论坛，每天都会出现大量的‘创业宣言’，如‘我想办个信息网站’、‘我想做教育产业’、‘我想向软件业发展’等”。大多数人仅构思了一个模糊的创业方向，而拿不出切实可行的创业计划，真正落实到行动的更是少之又少。

最近几年，国家为鼓励大学生自主创业，出台了一系列优惠政策，社会各方面也为大学生创业大开“绿灯”，一些高校相继开设了创业教育课程，帮助大学生打好创业知识基础；国家建立创业教育的组织机构，规范和促进创业教育的发展；出台各种政策，为创业教育提供资金保障；开展创业教育研究，积极构建完整的创业教育教学体系；全国性或地区性的大学生创业大赛频频举行，上海设立青年创业实习基地，无锡出现首条大学生创业街等，这些都为大学生提供了诸多的实践机会。应该说，外部环境对大学生创业十分有利，那么，大学生创业到底难在哪儿？

杨浦创业服务中心副主任吴寿仁分析指出，大学生是一个特殊的创业群体，其特别之处不在于年轻，而在于创业理念不够成熟，又缺乏必要的创业知识。从目前大学生的创业项目选择来看，技术含量低，没有充分体现大学生的技术优势。杨浦创业服务中心旗下约有 31 家大学生企业，其中技术型企业仅为 13 家。全国首条大学生创业街也有相似的情况，那些学生“老板”大多从事餐饮、服饰、摄影等行业，纯属“小打小闹”。市场资源有限的大学生，如果没有独特的技术项目撑腰，自然就没有竞争优势。此外，创业过程中涉及经济、管理、技术、营销、法律等多方面的知识，而从创业大学生的情况看，这方面明显“火候”不够，有许多学生把战略目标当作产品介绍，有的甚至不知道要把公司发展成什么规模。这些“先天不足”令大学生的创业之路荆棘遍布。

上海圣景科技发展公司总经理姚海平是学生“老板”出身，虽然如今公司已进入稳步发展阶段，但6年的创业经历让他尝遍了其中的酸甜苦辣。对此，他深有感触地谈到："创业不是创业者一个人的事，还需要创业团队的支撑。特别是大学生创业企业，团队组成的时间较短，创业者又大多缺乏经验和市场资源，却需要和一些成熟型企业一起参与市场竞争，实力相差悬殊。在这种情况下，如果大学生创业团队不能形成有效的组合，不能解决来自内部的问题和矛盾，更容易翻船。"

2. 把握好"四关"，创业起步才"过关"

尽管在大学生创业过程中存在着种种问题，但对大学生来说，自主创业仍是一条不错的发展途径，关键是要正视问题，并找出症结所在，然后对症下药。对此，"过来人"姚海平建议，大学生创业要过好以下四关：

（1）选项关。选择既适合自己又符合市场需求的创业项目，这是大学生创业者必须过好的第一关。一般来说，大学生创业应立足于技术项目，尽量选择技术含量高、自主知识产权明确的项目，并在技术创新的基础上做好产品市场化工作。此外，在创业过程中要注意保护自己的知识产权，这是大学生创业企业的核心竞争力所在。

（2）经验关。经验不足，盲目乐观，缺乏从职业角度整合资源、实施管理的能力，这将大大降低大学生创业的成功率。因此，大学生创业不能"纸上谈兵"，而应具备一定的商业管理及市场意识和经验。即使是两三个人的"办公室式"小企业，也必须有明确的财务、人事、营运制度。有条件的话，可聘请有企业或市场管理经验的专家把关。

（3）团队关。在风险投资商看来，再出色的创业计划也具有可复制性，而团队的整体实力却是难以复制的。在个人创业高达85%的失败案例中，单枪匹马上阵的创业很容易因为势单力薄而中枪落马，而集体合作的创业团队往往又因为内部矛盾摩擦及利益分配的不均而导致解体。因此投资商在投资时，往往更看重有合作能力的创业团队，而非那些徒有想法的单干者。对打算创业的大学生来说，强强合作，取长补短，实现资源与技能的整合，要比单枪匹马更容易聚集创业优势。

（4）心态关。大学生创业除了要有好的技术，更要有好的心态，不能视野狭窄、急于求成、过于自负，而应虚心接受别人的意见，并敢于直面挫折和失败。此外，时刻保持创业激情，也是突破创业"瓶颈"不可忽视的精神力量。

二、求职中几种常见现象

（一）决心考研者

"考研，肯定考研，我不会去找工作，根本不会去尝试找。"在自习室见到这个有点弱不禁风的女孩时，她戴着厚厚的镜片，一直扎在书本里。她是刘丽，某师范大学大三的学生，对于考研，她非常执著：“不用考虑，在校园里的日子永远是我向往的宁静生活。我知道自己还不能适应社会和工作的种种，比如人际关系，比如阿谀奉承，所以如果可能，我会想办法把留在学校的时间延长，读研就是一个不错的选择。”

找到北京大学临床专业的某男同学时，他正在寝室里看书。他同样是个考研的“狂热分子”。他告诉我，他从来就没有想过把本科生和研究生阶段分开，读书就应该一气读完。“学医的同学，应当都有这样的感觉，就是考研是必须的，年龄越大，脑子就越不好用，学习起来就越困难，考研肯定是一种趋势，既然迟早要读，那么肯定一口气读下来。我就这样想，如果当年考不上，那么肯定再考一年。”“考研要通过考试，工作要经过面试，非考即试，最后我选择了考！”

在河北医科大学读研究生一年级的王姓女同学，一边做实验，一边在电话那边滔滔不绝：“坦率地说，我几乎没有怎么犹豫，就选择了考研。”她列举了考研的三个原因：

第一，升学的惯性。17 年的学习生活，让每个学生对升学“刻骨铭心”，读研究生是每个学生心里的梦想，如果不读，会成为一种永恒的遗憾，能力也会与同行有差别。

第二，就业的压力。本科生就业压力逐年增加。读研已被默认为一条缓解就业压力的行之有效的途径。

第三，待遇的差别。与本科生相比，无论是在找工作的难易程度上，还是工作待遇上，研究生都明显占优势。更重要的是，这种趋势在最近很长一段时间里不会有很大改变。

“真后悔，我应该一心考研。”在某招聘会上，某大学一名姓林的同学说：“我本来可以考上的，就差 5 分进线。”带着一脸懊悔，她说，“去年 11 月学校举办招聘会，我抱着试试看的态度去了招聘会，一家单位愿意录用我。可哪想到此后我再也无心准备考研了。其实，这份工作我并不满意。真后悔，我应该一心考研！”考上研究生又找了好工作的人不是没有，如果选择了考研又三心二意，留下的往往是难言的失落。

“考上了研究生交违约金也划算。”用人单位为了招到优秀人才，往往会在学生毕业半年前去高校招聘，而研究生考试一般在第二年三月份才会有结果。那些早早便与用人单位签约的毕业生，往往是其所在高校比较优秀的学生，读研究生继续深造成为他们中许多人的梦想。所以，一旦考上了研究生，他们宁愿选择违约。“考上了研究生交违约金也划算。”新疆财经学院本科毕业生小张说：“几千块钱的违约金与大好前程之间，我选择后者。”正因如此，用人单位往往叫苦不迭。

（二）选择先就业者

北京某大学的陈同学立志要投身社会寻找自我。他说：“这个世界如此精彩，怎能缺少我！我渴望着成功的喜悦，向往着美好的生活。在社会这所大学里，我将学到更多的知识，所以，我选择放飞自己，走出象牙塔，在社会的是是非非中沉浮、历练，让自己更加成熟，让生活更精彩！”

“考研，一个多么令人心动的选择。然而，考研对我来说可谓一种奢望，不是怀疑自己的能力，也不是不求上进。”天津某大学的王同学在接受访谈时带着几分无奈。“当夕阳西下，农田里父亲弓起的脊背、母亲两鬓的白发、妹妹求知若渴的眼睛在我的脑海里印成永恒。我明白，考研，那只是一个梦想，一个蓝色的梦想。我只能默默祝福那些考研的人一路平安，面对现实我选择就业，为了让父母的叹息不再沉重，为了让妹妹求学之路上开满希望的花朵，我必须先就业。”条件所限，责任所在，大概是和王同学有相似情况的大学毕业生首选就业的共同原因。在抉择面前，他们更多的是背负着责任与义务。

就业是为考研留后路。李某是某大学基础医学专业的一名女毕业生，她选择了考研、就业“两手抓”。“我想读研究生，可又担心自己考不上，所以只好边找工作边考研。万一考研砸了，至少还有工作可以干！”据了解，由于当前就业形势严峻，大多数毕业生要找份工作已不容易，更别提要找到自己满意的工作了。无奈之下，先读研再就业便成为众多毕业生尤其是女生的选择。毕竟，研究生比本（专）科生有优势！可是谁也无法预料，随着研究生招生规模的日益扩大，三年后的研究生依然还会是今天的香饽饽吗？

（三）走中间路线者

走中间路线的人，也是很多的。“如果你念大四、大五没有准备考研，其他人会说你没有品位；如果你上大五又没有准备找工作，其他人会说你不聪明。所以，最合理的情况，就是能够把考研和找工作兼顾起来。鼓励考研的人几乎都会告诉你，考研与找工作并不矛盾。因为考研是在毕业那年的春节前，而找工作可以一直找到夏天毕业。所以，花上一个学期左右的时间来复习是值得的。即使没考上，还可以在考完之后，加入找工作的大军。”一位没有考上研究生，但工作还不错的过来人提醒说。

中国医学科学院中药研究所研究生康少明说得很洒脱："考研与找工作不会构成冲突，你想干什么，只要是正当的，那就干吧！我们都需要工作，但同时，我们还需要发展。当然你也可以不读，要学习，一个人安静地读读书，充实工作技能，都是理由。我有个连自己都觉得偏激的想法：每个人都应该读研究生，没读研究生的人生是不完整的，当然你也可以不读，但至少你应该知道，在你所在的领域里，基本的学术动向是怎样的，业务遇到'瓶颈'时，你至少应该知道向何人请教。"

（四）考研和就业"齐抓共管"者

小张是南方某大学的一名应届毕业生，早在暑假的时候，她已经在为来年的研究生入学考试作准备。"对我而言，考研并不纯粹是为了回避就业的压力，只是觉得大学5年的学习，自己没有什么突出的表现，考研是希望能弥补本科学习生活留下的遗憾。"她告诉记者，在班上，有超过三分之一的同学已经开始了如火如荼的考研复习，而当中不少人更是"一颗红心两手准备"，同时选择了考研和就业。

"虽然自己有很强烈的考研决心，但要是万一考不上，那怎么办？尤其是看着同学在为做简历、面试而忙碌时，就业的问题不由得又在脑子里反复衡量了很多遍。"一位师范学院的毕业生有点无奈地说，尽管不想因为求职影响考研复习，但他还是制作了个人简历，准备托同学在校园招聘会上投出。"不管怎么说，11、12月的校园招聘会是很多企业开始招收毕业生的重要时机，当第二年三四月考研成绩公布的时候，高校内的大型校园招聘会已接近尾声，不少企业已经确定了录用名单，那时再求职机会会少很多。"

即将毕业的大学生切莫在考研与就业间徘徊。考研与就业虽说并不是去此即彼的二选一，但是一个人的时间、精力和财力都是有限的，很难做到二者兼得。所以，面对就业和考研，大学毕业生应充分考虑社会大背景的前提下结合自身的学习、身体、经济等方面的条件从实际出发，综合自己的优势，认清自己的劣势，充分评估自己各方面的能力，做出适合自己的理性选择。有实力、有优势、有兴趣就要全力以赴，不要考虑是否能够成功，既然选择了考研，就要风雨兼程。如果自己确实没有与别人竞争的优势和实力，又对考研兴趣不大，不必勉强，可以牢牢把握现有的就业机会，并在将来的工作中根据实际工作和岗位的需要继续深造。对于就业和考研"齐抓共管"的同学，要在二者中选择一个平衡点，付出比他人更多的时间精力与心血，该复习时复习，该应聘时应聘，遇到条件不错的单位，与就业单位好好沟通，先签订就业协议，只要在就业协议书上注明考研成绩出来后的意向，协议不会成为继续深造时的羁绊。

对于立场考研的同学而言，必须要端正考研的心态，明确考研的目的。考研其实是一个提升大学毕业生能力的重要途径，如果只是希望借考研作为缓冲或逃避就业压力的过渡，那绝对是错误的观点；只有勇于接受压力，经营好自己，尽快进入职场，适应社会需求，在工作的磨炼中成长，才是最佳选择。在专业方向的选择方面，研究生考试无疑是给了大学生重新选择专业和职业取向的机会，这时首要的是考虑专业与未来就业方向、职业生涯规划的契合度问题。

在往后的职场中，要面对的问题远比校园生活复杂很多，逃避现实始终不是解决问题的方法。选择就业还是考研，不能一概而论，关键是要合理定位，在充分考虑社会发展趋势的基础上，结合自己的特殊情况，作出理性的选择。无论最终选择，都要意志坚定、努力学习，不能轻言放弃，只有这样才能获得最终的成功。

三、克服大学生涯规划实施中的阻力

在目标的实现过程中不可能总是一帆风顺的，面对挫折与失败，有的人愈战愈勇，有的人却晕头转向，为什么会有这么大的区别呢？究其原因，在于不同的人分析与解决问题的能力不一样。对目标实现过程中的阻力进行分析是很有必要的。大学阶段目标实现的阻力主要有以下几种情况：

（一）目标设置不合理

比如说某大学生在大学期间，既想学习成绩一流又想当个好的学生干部，既想恋爱成功，又想打工赚钱，这显然是有难度的。以上目标如果分割成阶段性目标则是比较容易实现。

就业、出国、创业均可以作为大学期间的发展目标，但必须具体与现实。如，选择先就业，那就要想清楚去什么地方就业、在什么行业就业、从事什么职位与性质的工作、希望拿多少工资等；如选择出国留学，那就要考虑家庭经济承受能力、个人学习成绩尤其是外语水平等；如，琢磨着毕业后自主创业那就必须积累经验、学会分析市场行情、制订创业计划等。目标没有对错之分，适合的就是最好的。如果选定的目标不合理，那就已经失败了一半。

（二）制定目标的当事人缺乏执行力

性格决定命运，细节决定成败。经常听一些大学生讲："我要考研。"可是没过多久，受同寝室找工作同学的影响，他就改变主意了。还有的大学生说："从下周开始，我要好好学英语。"大家可能会问：为什么非要从下周开始而不是从今天开始呢？执行力相当于心理学中所说的毅力。毅力就是为了梦想去敲天堂的大门，频繁大声地敲，最后终于如愿以偿。因为天堂被你打扰得烦不胜烦，但求让你闭上嘴，于是你成功了。范仲淹在吃不饱、穿不暖的艰苦条件下，却能坚持读书，最后还当上了宰相，他靠的正是毅力，是毅力使他成功了。

人生就是一场马拉松赛，开始跑在最前面的未必能一直领先，成为一名胜利者；原来落在后头的并不一定就永远不能后来居上，命中注定做一名失败者。有人老是在别人的成就和荣耀面前哀叹自己起步太晚，其实每一位马拉松参赛者都明白，退个三步五步，甚至十步百步也不算晚，关键是在能否坚持到终点。判断人生道路上的这场胜负，取决于用毅力换来的成绩，正如判断一棵果树的优劣，是看它结的果实是否丰硕，而不苛求它的叶子是否葱郁。成功者常常用毅力去书写迷人的胜利传奇。

（三）目标实现的外在条件不具备或者发生改变

从哲学的层面上讲，目标实现的内在条件相当于内因，外在条件相当于外因。所谓内因即内部矛盾，是指事物内部各要素之间的对立统一关系。如，种蛋产出时已经发育成多细胞的物之间的对立统一关系。如果没有适宜的温度，种蛋中的胚胎就无法正常发育，种蛋还是种蛋，而时间过长，胚胎就会死亡，就更谈不上孵出小鸡来。可见，种蛋与温度之间也是既对立又统一的关系，即是鸡蛋变小鸡过程中的外部矛盾。正如同我们制定的个人职业生涯规划是在一定外界环境背景下产生的，如果外界环境发生变化，职业生涯规划实现过程中必然受到影响。因此，要顺应环境及时调整个人生涯规划，实现职业目标。

第四节 科学择业的原则与步骤

在日常生活中，我们时常要面临各种抉择，必须随时做出决定。有的决定很简单，只要稍加思考，很快就能依照个人的需要或喜好做选择。例如，今天要穿什么衣服，到餐厅吃饭点什么菜，要不要去参加同学的生日聚会等。有的决定可能需要花些时间去考虑，但决定的后果不会对个人有太多不利的影响。而有的决定就必须慎重地考虑，因为其最后的决定可能关系到一个人未来的前途发展。比如，选择什么样的职业，选择什么样的人作为结婚对象等。“女怕嫁错郎，男怕入错行”充分说明了科学决策对个人未来人生发展的重要性。

一、坚持正确的择业原则

（一）适合自己的才是最好的

为什么适合自己的才是最好的？先让我们来看一个故事：

曾经有一头牛觉得狗的生活过得十分体面，因为狗非但什么活都不用做，而且每天只要在主人面前摇摇尾巴，和主人亲热亲热，就能够得到主人的宠爱，真是太幸福了。反观自己，每天忙得要死，到晚上才能吃到一堆干草，真是不甘心。最让自己痛苦的是，到了年老无力之时，还有可能要被送到屠宰场被杀掉。于是，牛便决定学着做狗所做的事，冲进了主人的起居室，围着主人又是蹦又是跳，还学狗那样，舔主人的脸，主人家里的东西也被它踢得稀巴烂，可想而知，这头追求体面而不顾自身实际情况的牛的下场是什么了。

细心分析，我们就会明白，牛之所以得到了可悲的下场，完全是因为它做了不适合自己的事。牛适合农田做活和拉车，如果它去做宠物狗的事情，结果只能是一团糟。

在现实社会中，人们对于物质与精神的追求使得攀比跟风十分普遍。在选择职业时，这种社会风气对个人的影响更是表露无遗。当一名大学生面临职业选择时，将面对亲人、朋友、师长、同学等各方面的影响与左右，大家一般会建议学生选择体面、受人尊敬、收入稳定的职业诸如医生、工程师、律师、教师、公务员等，而不会从学生的主观意愿和客观条件考虑这项工作是否适合。

对大学毕业生来说，最适合的才是最好的，寻求适合自己的职业是现代社会人们择业的一个重要原则。在择业的标准上，要适当确定自己的期望值，不要好高骛远，也不要妄自菲薄，更不能盲目攀比、盲目跟风。寻找与自己性格、兴趣、价值观、能力相吻合的职业，不一定要留在大城市、进入大企业，也不只贪求赚钱最多、级别最高。要把眼前利益和长远的发展结合起来，真正找到适合自己兴趣和能力、既被社会需要又有利于自己长远发展的岗位。

（二）实现个人价值与社会需求相统一

每个走向社会的大学毕业生都重视自身价值的实现，希望找到一份理想的职业，这是合情合理的，是人的正常需求。但怎样实现自身的价值呢？实践表明，一个人对社会的贡献越大，社会给予个人的尊重、肯定、承认就越多，自身价值实现得就越充分。如果一味只追求名与利，抛开为社会服务的原则，个人价值也就无从谈起。

（三）面对现实，客观评价自己

随着社会主义市场经济的建设以及高等教育的大众化，人才的竞争越来越激烈。一方面，求职择业的群体在不断扩大，这就要求大学生必须正确认识自己，并根据社会需要来调整自己的知识结构，不断充实完善自己，努力为自己创造满足社会需要的条件。另一方面，用人单位也从实际工作需要出发选择人才，并分层次择优录用求职者，大学生必须正视这一客观现实：在你选择用人单位的同时，用人单位也在选择你。

虽然就总体而言，医疗行业对大学生的需求也在不断增加，市场也一直处于供不应求的状况。但是，具体到某个地区、某个单位，情况就不尽相同了，再者，社会发展变化迅速，不同时期的人才需求数量和模式也有很大不同，更何况经济活动有一定的波动性，一定阶段的生产力发展水平和社会劳动分工结构，直接影响用人单位和社会对专业人员数量、规模、质量及所学专业的要求。因此，大学生应该现实地分析自己所处的择业环境，对自己有一个合理的定位，降低期望值。

（四）尊重客观实际，兼顾兴趣、爱好、性格，发挥自身优势

身体条件与择业的关系是显而易见的。口吃的人不能去做教师。了解自己的能力优势是非常重要的。人的能力有大小之分，有不同的侧重与擅长。陈景润搞公关不行，搞科研却出类拔萃。这说明大学生在择业时，一定要扬己所长，避己所短，发挥自身优势。

所谓发挥优势，是指在选择职业岗位时，必须从客观出发，综合自己素质、能力情况，侧重某一特长或某一优势来选择职业岗位，以利今后在职业岗位上顺利地、出色地完成本职工作。这样，不仅体现人尽其才、才尽其用的要求，而且体现了对事业负责、对社会负责的精神。

要做到发挥择业的素质优势，首先要求大学生能够客观评估自己，知道自己的所长所短。为了更好地认识自己，除了自己主观努力外，还需要教师、家长、同学、朋友的协助，多听听他们对自己能力、性格、专业特点的分析以及对自己择业的意见，以便准确、客观地评估自己，确定合适的职业岗位。

（五）注重长远发展的原则

在择业时，既要考虑眼前，又要考虑长远；既要有利于现在的生存，又要有利于将来的发展，避免短期行为。社会是在不断发展变化的，每个毕业生所处的生活和工作环境也在不断变化，因而职业目标的选择不应该也不可能一次定终身，所谓

"从一而终"，在现代市场经济条件下对个人和社会都没有益处，也是不可能的。医药行业飞速发展，专业逐步分工细化，很可能由内科医生转为肿瘤科医生或管理人员，由中医科转为康复科医生，因此，职业选择应处在动态过程中。在暂时没有适合自己的工作单位或岗位的情况下，可以暂时考虑一些条件相近的单位和岗位，或索性选择到基层锻炼，通过牺牲眼前利益以便积累基层工作经验而为将来的进一步调整和发展做好准备。从这个角度讲，大学毕业生大可不必为一时找不到"理想"的接收单位而苦闷，也不必为自己"迫不得已"所作的"不理想"的选择而懊悔。至于那种与某个接收单位签订了就业协议之后，又遇到了一个"更好的"单位，于是就置一切政策和规定于不顾，不计任何后果和代价，采取一切方法和手段去违约，以图高就的行为，就更加不可取了。

二、科学择业决策的步骤

如图 6-5 所示，一个科学、合理的择业决策应该遵循如下五个步骤：

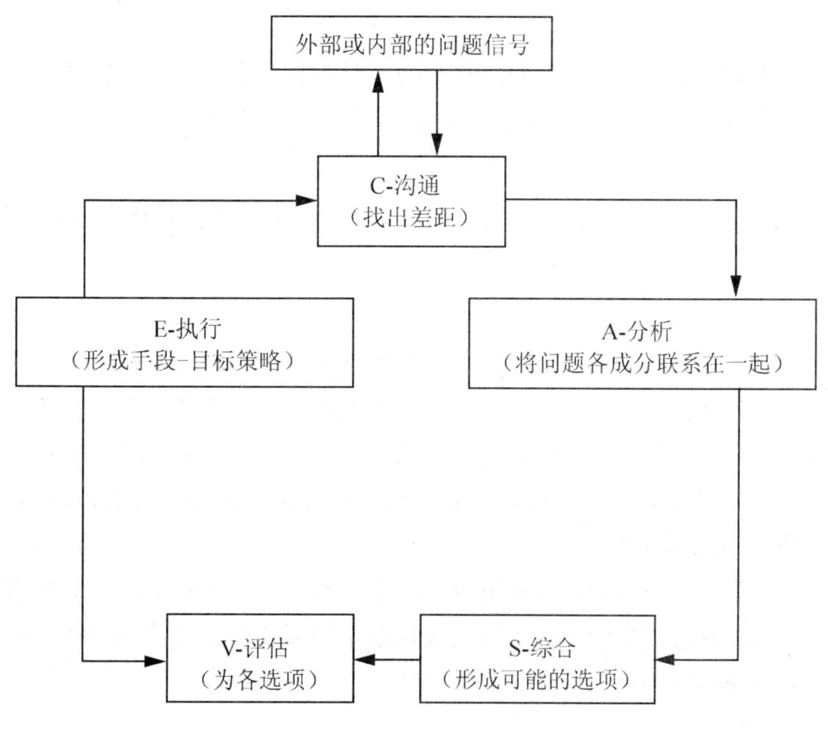

图 6-5 CASVE 循环

（一）沟通

明确决策的问题，即意识到必须就职业问题做出一个决策。这种意识可以由各种原因引起。例如，职业生涯规划，需要确定职业发展目标，辅修第二专业；即将毕业，需要求职择业等。以“大学生 A 即将进入大五”这一客观事件为例，促使一个亟待解决的问题产生：马上做出决定是先考研还是先就业?

（二）分析

做决策需要大量的信息资料，本步骤所要做的是，收集决策所需要的信息资料，其中包括：①自我分析，收集自我在生理、性格、兴趣、价值观、需要、家庭等方面的资料；②职业分析，收集有关职业、行业、企业等方面的资料。大学生 A 对自我和职业的分析：①自我分析，喜欢跟人打交道、具有较强的创新能力和学习能力、责任心强、感觉到医学知识能力不够，想在学校进一步学习，未来想在心血管领域成为知名专家。②职业分析，研究生阶段会学到更多更深的专业知识，家庭状况不好，大学生就业会越来越严峻。

（三）综合

排列出各种备选方案。通过对所收集的资料进行整合，形成两种或几种有助于解决问题的方案。对大学生 A 来说只有两个选择：考研和就业。

（四）评估

即权衡利弊。根据自己的价值观念系统，将各种备选方法按优劣顺序进行排序，并确定一个收益最大、成本最小的行动方案。

（五）执行

采取行动，即开始行动起来，实施步骤四所确立的行动方案。行动完毕后，再回到沟通步骤，评估问题有没有解决，如果问题解决了，决策循环到此为止。如果没有，则进入分析步骤。很显然，大学生 A 选择一至二年内暂不考研先就业。做了这个选择之后，对大学生 A 来说，就需要马上学习求职技巧、关注市场需求信息、制作求职简历等具体行动了。

上述决策程序，被称为计划式决策。即在了解自己、搜集资料、分析资料的基础上，做出一个理性的决策。在实际决策情景中当需要做出重大决策时，应该避免如下不符合科学程序的决策类型：

1. 冲动式

决策的过程基于冲动，个人选择第一个遇到的选择方案，就马上反应。其表现的方式可能为“先做决定再说，以后再想后果”。

2. 宿命式

个人明白做决定的需要，不过将决定的主权归于命运，认为无论选择什么都一样。其表现方式可能为“会怎样就怎样，反正命中注定”，“船到桥头自然直”。

3. 顺从式

个人遵循他人为自己做的决定，而非自己做决定。其表现方式可能为“如果你这样，我就这样”。

4. 延迟式

个人知道问题所在，但就是一直拖延未作决定。其表现方式可能是“急什么，以后再说吧”。

5. 痛苦式

花费太多时间和心力去搜集资料，结果面对庞大的资料却无法处理以做出决定。其表现方式可能为“麻烦死了，这么多资料，叫我如何处理”，“我不能做决定，万一错了怎么办”。

6. 无力式

个人知道该做什么事，却感到无力不知道如何进行。其表现方式可能为“我知道怎么做，可是我却办不到”。

在某些情况下，比如信息不明、时间不允许，富有经验的个人可能会凭借直觉做决策，即直觉式决策。这也是科学、合理的决策模式，但在这种情况下，对决策者的个人素质要求非常高。

第五节　职业生涯发展路径选择

在选择目标之前，先来确定自己的职业发展路线。所谓职业生涯发展路线，是指向专业技术方向发展，还是向行政管理方向发展。不同的发展路线对从业者的素质要求不同，致使今后的发展阶梯也不同。

每个人的基础素质不同，适合的职业生涯发展路线也就不一样，有的人适合搞研究，能够在专攻领域求得突破；有的人适合做管理，可以成为一名优秀的管理人员。基本上有三种职业生涯发展路线可供我们选择，即专业技术型路线、行政管理型路线和自主创业。

一、专业技术型发展道路

专业技术型发展道路是指工程、财会、销售、生产、法律等职能性专业方向。共同特点是：都要求有一定的专门技术性知识和能力，并需要有较好的分析能力，这些技能必须经过长期的培训与锻炼才能具备。

如果你对专业技术内容及其活动本身感兴趣，并追求这方面的提高和成就，喜欢独立思考，而不喜欢从事管理活动，专业技术型发展道路是你最好的选择。相应如发展阶梯式技术职称的晋升及技术性成就的认可，奖励等级的提高及物质待遇的改善。

如果你虽然在开始时选择了专业技术方向，但仍然对管理有兴趣，并且希望在管理领域做出一番事业，也完全可以跨越发展，即一开始从事某种技术性专业；不断积累充实自己的专业知识，打下坚实的技术基础；然后，在适当的时候转向专业技术部门的管理职位。事实上，现代社会中的很多地方都有这样的客观要求。例如，作为一家电子公司研究开发部门经理，就必须了解相关产品领域技术知识，而且很多时候要求在专业知识的广度、深度上达到较高的水平。一些研究部门将技术骨干提拔到管理位置的例子更是屡见不鲜。

二、行政管理型发展道路

如果你很喜欢与人打交道，处理起人际关系问题总是感到得心应手，并且由衷地热爱管理，考虑问题比较理智，善于从宏观角度考虑问题，并善于影响、控制他人，追求权力，行政管理型发展道路就是你最恰当的选择，把管理这个职业本身视为自己的目标。相应的发展阶梯一般是从基层职能部门开始；然后向中级部门、高级部门，逐步提升，管理的权限越来越大，承担的责任也越来越大。前提条件是你的才能和业绩不断地积累提高，达到了相应层次职位的要求。行政管理型发展路线对个人素质、人际关系技巧的要求很高。

那些既有思维能力又善于处理人际管理的人，总是能够成为人事部门的主管干部，甚至做到组织分管技术工作的副总经理、总监、副院长、副厂长等高层职位；而那些虽然善于处理人际关系，却缺乏思维分析能力以及感情耐受力较差的人，却只能停留在底层领导岗位上。可见不断的学习使自我提高是多么的重要。

三、自主创业

现在，有很多人选择了自主创业的道路。创业自有快乐，但创业途中的艰难也不是常人能够想象的，客观上，要有良好的机会和适合的土壤；主观上，创业人不仅要有强烈的创造与成就愿望，而且心理素质要高，能够承担风险，善于发现开拓新领域、新产品、新思维。除非你像比尔·盖茨那样，年纪轻轻便在某一技术领域超前于人，否则，要想成功创业，你必须先到社会组织中锤炼，学习如何做企业。比较好的途径就是到相关组织中从事研究开发或市场销售。

请你在分析自身条件和社会环境的基础上设计一份自我职业生涯规划。

（可用文字形式，也可用表格形式，可参照表 6-4）

表 6-4 个人职业生涯规划表

姓名		性别		年龄	
健康状况		政治面貌		所学专业	
职业意向					
个人因素分析					
环境因素分析					
职业生涯目标	人生目标				
	长期目标				
	中期目标				
	短期目标				
在校学习规划与措施					
中期规划与措施					
长期规划与措施					
备注					

参考文献

[1] 田光哲，张春林. 职业生涯——职业指导教学训练［M］. 北京：中国劳动社会保障出版社，2006.

[2] 孙泽厚. 大众化高等教育时期大学生就业问题研究［M］. 北京：中国文献出版社，2006.

[3] 尹忠泽. 大学生职业生涯规划［M］. 吉林：吉林大学出版社，2007.

[4] 吴春虎，李红英. 医学生就业指导：34个精彩的求职故事［M］. 北京：人民军医出版社，2007.

[5] 邓基泽. 大学生职业指导实用教程［M］. 北京：中国农业大学出版社，2004.

[6] 张必涛. 大学生生涯发展规划［M］. 成都：四川大学出版社，2008.

[7] GCDF中国培训中心. 全球职业规划师（GCDF）资格培训教程［M］，北京：中国财政经济出版社，2006.

[8] 陈曦，赵北平. 大学生就业指导［M］. 2版. 武汉：武汉理工大学出版社，2007.

[9] 林夕宝，王传明. 大学生就业指导［M］. 北京：北京理工大学出版社，2006.

[10] 瞿立新. 职业生涯规划［M］. 上海：上海交通大学出版社，2007.

[11] 孙宝志. 临床医学导论［M］. 北京：高等教育出版社，2003.

[12] 雷五明. 青年职业心理测评与生涯规划［M］. 武汉：华中科技大学出版社，2005.

[13] Shelly Field（美）. 21世纪100种最佳职业［M］2版. 北京：外语教学与研究出版社，2005.

[14] 理清. 大学生职业化能力——真正提升大学生的就业竞争力［M］. 北京：中国物资出版社，2006.

[15] 曹广辉，王云彪. 大学生职业生涯指导［M］. 天津：天津大学出版社，2007.

[16] 李红，方爱珍. 医学类专业大学生职业发展与就业指导［M］. 北京：高等教育出版社，2008.

[17] 李芳，李义庭．大学生职业生涯与发展规划教程［M］．北京：人民军医出版社，2008.

[18] MBA 智库百科 http：//wiki． mbalib． com/wiki/

[19] 百度百科 http：//baike． baidu． com/

[20] 刘志明．职业锚［M］．北京：中国劳动社会保障出版社，2007.

[21] 吴冰．医学生职业指导教程［M］．北京：科学出版社，2004.

[22] 李援．《中华人民共和国就业促进法》释义及实用指南［M］．北京：中国民主法制出版社，2007.

[23] 李红，梁军，陈浩明．大学生职业生涯与发展规划教程［M］．北京：中国传媒大学出版社，2011.

[24] 刘伟，张宪义．大学生职业发展与就业指导［M］．长春：吉林大学出版社，2009.

[25] 钟思嘉．生涯咨询实战手册［M］．北京：中国轻工业出版社，2010.

[26] 张进辅．青年职业心理发展与测评［M］．重庆：重庆大学出版社，2009.

[27] 钟谷兰，杨开．大学生职业发展与规划［M］．上海：华东师范大学出版社，2008.

[28] 郭建锋．大学生职业生涯规划［M］．北京：科学出版社，2009.

[29] 张裕荣，杨洁，谢萍萍，满意．医学生职业生涯规划现状与对策分析［J］．出国与就业：就业教育，2011.

[30] 黄天中．生涯规划——体验式学习［M］．北京：高等教育出版社．2010.

[31] 陶珍东，张颖，王介强．关于本科生考研问题的再思考．高教论坛．2010.